Heidrun Sieß
Starke Eltern – starke Kinder

Heidrun Sieß

# Starke Eltern – starke Kinder

Eine frühkindliche Erziehung zur Ichstärke

Mit einem Vorwort von Bernhard Hassenstein

Walter Verlag Zürich und Düsseldorf

*Für meine Kinder*
*Gerhild, Roland, Almut und Holger*
*und für Ulrich*

Die Deutsche Bibliothek – CIP-Einheitsaufnahme

**Sieß, Heidrun:** Starke Eltern – starke Kinder :
eine frühkindliche Erziehung zur Ichstärke / Heidrun Sieß.
Mit einem Vorw. von Bernhard Hassenstein. –
Zürich ; Düsseldorf : Walter, 1999
ISBN 3-530-30051-9


Satz: Fotosatz Froitzheim, Bonn
Druck und Bindung: Grafo SA, Spanien
ISBN: 3-530-30051-9

# Inhalt

# Vorwort

Dieses Buch ist weniger ein Ratgeber, es ist ein Gesprächspartner. Es begleitet mit leichter Hand die Mutter und den Vater durch die vielfältigen Ereignisse und Erlebnisse, die mit der Säuglings- und Kleinkindzeit ihres Kindes einhergehen. Nicht lehrhaft, sondern entspannt und anschaulich – bereichert auch durch das Erzählen eigener Erfahrungen – wird aufmerksam gemacht einerseits auf Verhaltensweisen und Entwicklungen, die man an seinem Kind beobachten kann; andererseits wird der Spürsinn geschärft, um zu bemerken, wie man dessen Bedürfnissen gerecht zu werden und ihm Freude zu machen vermag. Vielfach werden neuere und neueste wissenschaftliche Erkenntnisse über die kindliche Verhaltensentwicklung berührt und einbezogen. All dies lenkt die elterliche Aufmerksamkeit und schärft den Blick, um manches zu sehen und vielleicht freudig zu begrüßen, was sonst womöglich unbeachtet geblieben wäre. So etwas macht Freude und fördert die Fähigkeit, seinen Kindern ein Eltern-Partner zu sein, der ihnen innere Sicherheit gibt und sie einmal zu selbständigen Persönlichkeiten werden läßt.

Wer ist die Autorin, die einer so anspruchsvollen, weitgefächerten Aufgabe gerecht werden konnte? Ihr Studium der Biologie mit dem Schwerpunkt «Verhaltensforschung», abgeschlossen mit den akademischen Grad des Diploms, vermittelte ihr die erforderlichen Kenntnisse über die Grundlagen der körperlichen Entwicklung und die innere Steuerung des Verhaltens. Vor allem aber förderte es ihre – als Begabung angelegte – Fähigkeit zum Beobachten; ein überzeugendes Beispiel dafür ist in diesem Buch die Beschreibung der rasanten Entfaltung der Bewegungs-Freiheitsgrade des Babys und Kleinkindes am Ende des ersten und im ersten Abschnitt des zweiten Lebensjahres (S. 54 bis 79), eine Anregung besonderer Art für die Eltern, mit Begeisterung diese kleinen und großen Entwicklungsschritte und -sprünge auch bei ihrem eigenen Kind zu beobachten und nicht zu verpassen.

Zur Eignung als wissenschaftliche Beobachterin kamen als weitere Voraussetzungen die Geburt, das Betreuen und das Erziehen von vier Kindern, verbunden mit der bewußt erlebten eigenen Entwicklung aus dem Stadium einer größeren Unsicherheit beim ersten bis zur größeren Sicherheit beim vierten Kind, dabei mit der Erfahrung des Nebeneinander von Übereinstimmungen einerseits und kaum glaublicher Verschiedenheit der Kinder untereinander andererseits.

Fruchtbar für andere Eltern wurde diese Kombination aus wissenschaftlicher Vorbereitung auf der einen und nachhaltiger Mutter-Erfahrung auf der anderen Seite dann durch vielfältige Unterrichts-, Beratungs- und Organisationstätigkeit, und zwar besonders in folgenden Bereichen:

Eltern-Kind-Kursleitung (Prager Eltern Kind Programm) Elternberatung (im Arbeitskreis Eltern werden – Eltern sein, Freiburg) Familienbegleiterin (der Gesellschaft für Geburtsvorbereitung – Familienbildung und Frauengesundheit – GfG) Suchtprävention (im Freiburger Aktionskreis Suchtprävention).

Es gibt zahlreiche, zum Teil vortreffliche Bücher mit ähnlichem Inhalt und Anliegen. Dieses aber hat seinen besonderen Reiz und Wert in der stilistisch gekonnten Darstellung des Themas mit dem herausgehobenen Schwerpunkt «Starke Eltern – starke Kinder», verbunden mit der besonderen Gabe – wie es die Autorin selbst formuliert – dem Leser das Wunder «Kind» nahezubringen.

Prof. Bernhard Hassenstein, Freiburg, Juni 1999

## Einleitende Gedanken

«Erst als wir uns entschlossen hatten, auf keinen der unzähligen Ratschläge mehr zu hören, fanden wir einen Weg mit unserem ersten Kind, und alles wurde besser», sagte mir ein Elternpaar in einem Geburtsvorbereitungskurs vor vielen Jahren. Diese Aussage sprach mir selbst sehr aus dem Herzen, und ich habe sie seitdem in Elterngesprächen stets präsent gehabt und auch oft weitergegeben.

Jede Familie muß ihren eigenen Weg gehen, richtig. Aber nicht immer ist der so leicht zu finden. Es gehört viel Mut und Selbstbewußtsein dazu, sich von den gutgemeinten Ratschlägen unabhängig zu machen.

Mir ist noch gut in Erinnerung, wie schwer das bei meinem ersten Kind war. Es scheint, als würde die Tatsache, daß ein Kind geboren wird, die schon erfahrenen Mütter dazu anregen, Ratschläge zu erteilen, indem sie ihre eigene Geschichte – viel zu oft eine schlimme Geschichte – wieder und wieder erzählen. Ganz unbeeindruckt ließ mich das damals nicht, und natürlich brachte auch ich eine Menge anfänglicher Unsicherheiten mit. Aber in einigen Dingen war ich mir ganz sicher, und das war meine Stütze: Ich konnte gut beobachten, Situationen erfassen und einschätzen. Das hatte ich beim Studium der Verhaltensbiologie gelernt und in meiner verhaltensbiologischen Arbeit mit Säuglingen und ihren Familien bei Professor Hassenstein vertieft. Bei den Beobachtungen hatte ich ausreichend Gelegenheit, mich mit der Pflege und dem Umgang mit Babies auseinanderzusetzen, mir ein eigenes Bild zu machen und Vorstellungen von meiner Elternrolle zu entwickeln. Natürlich wurde mir durch diese Familien deutlich, wie einschneidend so ein Kind für Frau und Mann und die Paarbeziehung ist, so daß ich eine Ahnung davon hatte, was auf mich zukam.

Ein weiterer Umstand kam mir zu Hilfe: Als Heranwachsende hatte ich häufig mit kleinen Kindern zu tun, konnte üben, sie zu wickeln, zu füttern und zu umsorgen. Auf diese Erfahrungen griff ich oft in der ersten Zeit mit meinem Baby zurück. Ich hatte zudem den Eindruck, mich in dieses Kind hineinversetzen zu können, mit ihm mitzufühlen. Das geht den meisten Frauen und auch Männern so. Es ist ein Teil unseres biologischen Erbes, der dazu dient, die Beziehung zwischen dem Neugeborenen und seinen Bezugspersonen zu gestalten und zu festigen, und ist unseren intuitiven elterlichen Fähigkeiten (Papoušek) zuzuordnen. Das Baby seinerseits bringt ein niedliches Äußeres und Fähigkeiten mit, die der Kontaktaufnahme dienen. Als Erwachsener ziehen uns Babies wie «magisch» an, und die üblichen Reaktionen kennen wir alle: «Ach, ist das süß!»

Trotz all dieser guten Voraussetzungen war es für uns als Familie doch auch oft schwierig, und ich lernte mit meinen Kindern und von ihnen. Dinge, die ich beim Vierten heute gelassen hinnehme, hätten mich beim Ersten und ebenso noch beim Zweiten an die Grenzen meiner Möglichkeiten gebracht. Meine große Tochter – wie alle Ältesten – wirft mir vor, ich behandle die Kleinen anders als sie. Sie hat damit recht. Dennoch beruhigt es mich, daß ich nach meinen besten Möglichkeiten gehandelt habe – die allerdings mit der Zunahme an Erfahrung immer besser wurden.

Der Entwicklungspsychologe D. Winnicott sagte einmal: «Das Kind ist der Schöpfer der guten Mutter – wenn sie denn bereit ist, sich schaffen zu lassen.»

Sich schöpfen lassen, sich als Begleitung den Kindern zur Verfügung stellen und gleichzeitig achtsam mit sich selber umgehen, das ist für mich die Gratwanderung, die Erziehung genannt wird. Dabei sind Fehler möglich und üblich, aber es gibt jederzeit die Möglichkeit, etwas in der Begleitung der Kinder anders zu gestalten und somit Veränderung zu bewirken.

In der jetzigen Zeit machen wir uns viel mehr Gedanken, als es früher üblich war, sagen die Großeltern. Unsere Zeit ist aber auch anders als frühere Zeiten, und Eltern haben somit andere Aufgaben.

Kinder haben heute wenig Gelegenheit, Erfahrung mit elterlichem Verhalten in vielen Varianten d. h.: von vielen verschiedenen Erwachsenen zu sammeln, um aus der Vielzahl die für sie passenden Vorbilder herauszusuchen und zu verinnerlichen. Diese Vorbilder fehlen zum Teil schon seit zwei oder drei Generationen.

In der Kleinfamilie, wie sie überwiegend anzutreffen ist, mit durchschnittlich einem, höchstens zwei Kindern pro Familie und in der steigenden Zahl von Teilfamilien leben die Menschen sozial sehr isoliert gegenüber der Situation in der Großfamilie. Heute Kinder zu haben, bedeutet aus vielen Gründen eine Verunsicherung, weil Eltern zwar intuitiv «richtig» handeln, aber nicht ausreichend Gelegenheit in ihrer Jugend hatten, dieser Intuition genügend Wissen und Erfahrung hinzuzufügen, um im Umgang mit Kindern sicher zu werden.

Die Situation «Großfamilie» bedeutete, in räumlich und zeitlich engem Kontakt zu Menschen verschiedenster Altersklassen zu leben. So war es den Jüngeren möglich, sich den Umgang mit Säuglingen und Kindern verschiedenen Alters genauso abzuschauen wie den mit Erwachsenen und Alten und daraus zu lernen, Übergänge zwischen verschiedenen Lebensphasen zu gestalten. Im Spiel mit Gleichaltrigen konnte das Gesehene erprobt und dem Erleben mit den eigenen Eltern hinzugefügt werden. Darüber hinaus machten die Kinder selber verschiedenste Erfahrungen mit elterlichem Verhalten im Kreis der Verwandten. Das, was den eigenen Eltern nicht so gut gelang, machte die Tante vielleicht viel verständnisvoller und trug so ihren Teil zum Wohlbefinden des Kindes bei.

Ein Paar, das sich Kinder wünschte, konnte bei den Verwandten abgucken, welcher Umgang mit Kindern ihnen gefiel, und so herausfinden, wie sie dann ihr Kind würden behandeln wollen.

Frischgebackene Eltern fanden Anleitung, Austausch und Unterstützung bei den erfahrenen.

Seit einiger Zeit ist die wichtige Bedeutung von Vorbildern wieder in den Vordergrund getreten. Vorbilder von Kindern sind neben den Eltern und Geschwistern besonders ErzieherInnen, LehrerInnen in Schule und Verein sowie z.B. BetreuerInnen in Jugendzentren. Wenn es darum geht, Suchterkrankungen, Gewalttätigkeiten oder anderem Fehlverhalten vorzubeugen, ist das Erleben von positiven Vorbildern eine wichtige Hilfe. *Die Familie ist das bedeutsamste Vorbild in den ersten zehn Jahren.*

Wenn ein Paar in die Familiengründungsphase eintritt, wird der Bedarf an weiteren Eltern-Vorbildern deutlich: Kurse während der Schwangerschaft und im ersten Lebensjahr des Kindes erleben seit den 70iger Jahren ihre Blüte, Mütterzentren werden allerorts gegründet, Eltern-Kind-Zentren entstehen und werden zu Stätten des gemeinsamen Lernens im Bereich Elternschaft und des Austauschs mit anderen Eltern. Zugleich wird hier die Unsicherheit – vielleicht auch das Defizit – deutlich, in der Eltern sich bei ihrem ersten Kind befinden und der sie auf diese Weise entgegenwirken wollen.

Die Leiterin von Geburtsvorbereitungs- und Eltern-Kind-Kursen hat dabei neben der Aufgabe, Sachwissen zu vermitteln und zu Übungen anzuleiten auch eine Vorbildfunktion. In der Art und Weise, wie sie die Gruppe leitet, auf einzelne eingeht und zum Lernen anregt, wie sie Kontakt herstellt und Zuwendung zeigt, gibt sie ein Beispiel für den Umgang miteinander und Anregung, wie elterliches Verhalten den weniger Erfahrenen gegenüber sein kann. Eltern können dieses Beispiel auf die eigene Familie übertragen.

Das Dilemma, in dem ich mich als Geburtsvorbereiterin und Eltern-Kind-Gruppenleiterin, aber auch in meiner Beratungstätigkeit mit Müttern und Vätern immer wieder befinde, ist die Tatsache, daß in solchen Kursen und Gesprächen nicht bewußt das gelernt werden kann, was eigentlich «so nebenbei» während des Heranwachsens hätte entstehen sollen. Diese Form des Lernens ersetzt nun die gewachsene Erfahrung, statt sie zu ergänzen, und bleibt somit unvollständig, da sie meistens nicht das Fühlen einbezieht. Gleichwohl ist es eine große Chance, Ideen für einen eigenen Weg zu bekommen, herauszufinden, an welchen Erfahrungen angeknüpft werden kann und in welche Richtung eine elterliche Entwicklung wünschenswert ist. In Kursen oder Gesprächen kann durch Information und Erfahrung die Sicherheit entstehen, daß jede Mutter und jeder Vater aufgrund der biologischen Geschichte intuitiv über alles notwendige Wissen verfügt, im rechten Moment für das Kind das Richtige zu tun. Die Eltern können in der Gruppe exemplarisch erleben, daß sie tatsächlich «richtig», das heißt angemessen handeln und im Zusammenleben mit dem Kind persönlich sicher werden.

Was sich als Bereicherung darstellt, nämlich daß Frauen und Männer, wenn sie ein Kind bekommen, wieder sehr mit den Erlebnissen und Gefühlen ihrer eigenen Kinderzeit in Kontakt sind, kann in Einzelfällen einschränkend wirken, wenn die frühen Erfahrungen sehr belastend sind. Da gibt es die Möglichkeit, es in einer Beratung oder Therapie aufzugreifen und zu bearbeiten, was sehr hilfreich für die Erwachsenen und für das Kind sein kann. Nach meiner Kenntnis bedeutet besonders in Fällen, in denen der Umgang mit dem ersten Kind sehr schwierig ist, die Aufarbeitung der eigenen kindlichen Geschichte eine große Erleichterung für die elterliche Begleitung des Kindes und eine Entlastung für die Familie.

Die große Zahl von Büchern zu Schwangerschaft, Geburt und Elternschaft weist ebenso wie die Entstehung von Eltern-Kind-Zentren auf den hohen Informationsbedarf von heutigen Eltern hin. Wenn sie zum Anstoß werden, für sich beobachten, hinfühlen, weiterdenken und handeln zu wollen, so sind sie den Müttern und Vätern eine wichtige Anregung. Hingegen als Ratgeber, wie das Eltern-Dasein funktioniert, sind sie aus meiner Sicht genauso einschränkend wie die oben erwähnten «zahlreichen Ratschläge».

Während der Schwangerschaft verringert sich bei vielen Frauen die Lust am Lesen von Fachbüchern – vielleicht als Ausdruck dafür, daß jetzt das Spüren in den Vordergrund tritt.

Die Partner sind in dieser Zeit hochmotiviert, ihr Wissen über Kinder und Elternschaft zu vermehren. An dieser Stelle könnten Frau und Mann ins Gespräch kommen über ihre Einstellungen und das Gelesene zur Meinungsbildung nutzen. Mir hat es nach den Geburten geholfen, durch Lesen das Geschehene zu verstehen und mein Bild über mein eigenes Handeln-Wollen zu erweitern. Für meine Töchter und Söhne würde ich mir wünschen, daß sie die Literatur zu sichten beginnen, ehe eine Schwangerschaft beginnt. Davor haben sie hoffentlich in unserer großen Familie – und außerhalb – ausreichend Gelegenheit, Erlebnisse und Erfahrungen mit Kindern zu eigenen Vorstellungen zu formen.

Besonders bei heranwachsenden Mädchen, seltener bei Jungen gibt es eine Phase, in der sie wie magisch von kleinen Kindern angezogen sind. In dieser Zeit ist Babysitting eine sinnvolle Beschäftigung; sie lernen, wie sie mit Kindern umgehen wollen, und ob es so funktioniert, wie sie es sich vorstellen. Später kann das zu einer stärkenden Basis bei der Begleitung der eigenen Kinder werden.

Wenn wir Eltern möchten, daß sich unsere Kinder im Leben zurechtfinden, Entscheidungen angemessen zu fällen lernen, sich mit Gefühlen auskennen und ihre Grenzen realistisch einschätzen, so ist der erste Schritt, daß wir uns selber daranmachen, unsere Forderungen zu erfüllen. Das bedeutet, unser Denken, Fühlen und Handeln zu hinterfragen und im Gespräch mit dem Partner, der Partnerin und anderen Paaren zur Diskussion zu stellen. Eltern müssen dabei nicht dieselbe Position beziehen oder einer Meinung sein. Wichtig ist nur, daß jeder den anderen mit seiner Meinung gelten läßt, Verschiedenheit anerkennt. Wenn Kinder beides erfahren, wird es sie bereichern, denn in der Tatsache, einander gelten zu lassen, ist viel gegenseitige Wertschätzung enthalten.

*Selbstsicherheit und Ich-Stärke liegen begründet auf der Erfahrung von Anerkennung und Achtung im Familienalltag. Ebenso wichtig ist die angemessene Erfüllung von grundlegenden Bedürfnissen und das Vorhandensein eines haltgebenden Rahmens, in dem Gefühle gezeigt werden dürfen und Neues erprobt werden kann. Auf dieser Basis kann Entwicklung stattfinden.*

Dies geschieht zunächst am Vorbild der Eltern und unter deren Anleitung von Geburt an. Je deutlicher und sicherer dies von den Bezugspersonen angeboten wird, desto leichter können Kinder daraus ihren eigenen Lebensweg entwickeln. Im kindlichen Spiel und später in der Jugendclique überprüfen sie ihre Anfangserfahrungen auf deren Verwendbarkeit für den Kontakt zu anderen.

Während Eltern voller Zuversicht und Hoffnung dem Heranwachsen ihres Kindes zusehen, erschrecken sie zugleich die täglichen Meldungen von Gewalt, Kriminalität, Drogenkonsum, Arbeitslosigkeit und Null-Bock-Mentalität. Hier gilt es, Zuversicht zu wahren und nicht zu resignieren. Die Familie ist über lange Zeit die wichtigste Lernquelle für unsere Kinder. Sie hat immer wieder die Möglichkeit, neue Ideen zum Wohl der Kinder umzusetzen und so ihren Beitrag zur Entwicklung von Menschen zu leisten, die selbständig und aktiv ihr Leben anpacken.

In diesem Buch möchte ich meine Kenntnisse und Erfahrungen weitergeben. Neben dem biologischen Hintergrund beziehe ich mich auf eine transaktionsanalytische Sichtweise, die ich sehr schätze. Anderen mag vielleicht z. B. eine systemische, gesprächs- oder verhaltenstherapeutische Sichtweise näher liegen.

Ich wünsche Ihnen, liebe Leserinnen und Leser, daß Sie das Buch nutzen, Ihr hieraus gewonnenes Wissen auszuprobieren. So können Sie das Gelesene mit eigenem Erleben und neuen Erfahrungen füllen und untermauern. Vielleicht gelingt es Ihnen, dies noch zu erweitern, indem Sie Ihre Wahrnehmung vom Kind und Ihre Selbstwahrnehmung schulen, und Sie so mit neuer Aufmerksamkeit sich selbst und Ihre Familie bereichern.

Ich möchte es auch als Anregung verstanden wissen, hoffnungsvoll in die Zukunft zu schauen. Wir können für unsere Kinder nicht ihr Leben planen, aber wir können sie stark machen, es selbst zu meistern.

Sollte dieses Buch darüber hinaus für Sie eine Unterstützung darin sein, herauszufinden, wie Sie Ihre Rolle als Mutter und Vater ausfüllen wollen, und welche Rolle Sie Ihrem Kind zubilligen wollen, so wird es mich freuen.

Schließlich möchte ich Ihnen hiermit aus meiner Sicht das Wunder «Kind» nahebringen und Ihnen seine Fertigkeiten und Möglichkeiten schildern, die die Natur ihm auf seinen Weg mit uns in so phantastischer Weise mitgegeben hat.

# 1. Wir lernen uns kennen

## Die Zeit der Erwartung

Das erste feine Zeichen **seines** Daseins – erinnern Sie sich. . .? Es ist wie ein leichtes Pulsieren, man mag der Vermutung kaum trauen, es sei das Baby. Aber mit den Tagen und Wochen wird es eindeutig: jetzt ist es wach und bewegt sich.

In dieser Zeit gibt es in der Gebärmutter noch genug Platz für den Foetus, um sich zu drehen, Laufbewegungen zu machen und eine Menge grobmotorischer Bewegungsmuster zu üben.

Sehr eindrucksvoll waren für mich die Schilderungen Prof. G. Prechtls (Prechtl, 1988) von seinen Ergebnissen der Ultraschalluntersuchungen in den ersten Lebenswochen. Schon ehe die Mutter ihr Kind spüren kann, beherrscht es solch komplizierte Bewegungskoordinationen wie die Gähn-Streck-Bewegung: Die Arme strecken, dabei den Kopf in den Nacken legen, den Mund öffnen und die Beine und den Körper durchstrecken. . . Genauso können wir es an uns selber beobachten.

Nach einigen Monaten gibt es dann nur noch wenig Platz im Uterus, und jede Bewegung ist ebenso von außen deutlich spürbar. Wenn das Kind strampelt, bekommt der Bauch «Beulen», und aufmerksame Zuschauer kennen nicht nur die spürbaren sondern auch die von außen sichtbaren Zeichen dieses Strampelns, denn die Frauen legen unbewußt die Hände an ihren Bauch, als würden sie dem Kind mitteilen «Ja, ich spüre dich!» oder «Ich bin da.» Es ist davon auszugehen, daß das Baby dies wahrnimmt, ebenso die Stimme der Mutter.

Ultraschalluntersuchungen (Prechtl, 1988) konnten auch zeigen, daß die Foeten schon früh die Gemütslage der Mutter widerspiegeln. Wenn sie sich ängstigt (z. B. bei einem gräßlichen TV-Film), erwacht das Kind und strampelt besonders heftig. Vielleicht erklärt das, warum Schwangere nicht gern Krimis, Science-fiction – und ähnliche Filme sehen. Rituale anderer Völker sehen vor, daß Schwangere keine Tiere schlachten, keine erschreckenden Arbeiten verrichten, sondern in eine Art Rückzug gehen, wo sie liebevoll von erfahrenen Frauen versorgt werden, damit «das Kind keine Mißbildungen bekommt», denn Schönes für die Mutter bedeutet Schönes für das Kind. Auch das deckt sich mit den Kenntnissen der Pränatalpsychologie. Es ist durch bestimmte Techniken möglich, Erlebnisse im Mutterleib wieder abzufragen und sogar dadurch bedingte Traumata zu heilen. Die erinnerten Ereignisse fanden Bestätigung, wenn die Klienten ihre Mutter danach fragten (u. a. Verny, 1992).

Natürlich wollen auch Väter diese Strampelbewegungen empfinden und Kontakt zu ihrem Kind aufnehmen. Sie erleben es als ungerecht, wie schwierig das ist. Manche Männer fühlen sich ausgesperrt. Dem Paar und der Familie tut es gut, sich gemeinsam auf das Baby vorzubereiten und so viel wie möglich Kontakt mit ihm aufzunehmen. Gleichzeitig genießen die meisten Schwangeren es, wenn der Vater sein Kind durch die Bauchdecke streichelt, weil die Berührungen ihr eigenes Bedürfnis danach zufriedenstellen. Oft erzählen die Väter im Geburtsvorbereitungskurs, daß die Kinder im ersten Moment ganz still halten, als wollten sie sich dieser fremden Hand nicht zeigen, und es bedarf etwas Geduld; die Väter müssen ihre Kinder richtig zur Hand locken. Die Persönlichkeit des Kindes zeigt sich bereits jetzt: Es «entscheidet mit».

Ein beeindruckendes Beispiel, wie früh der Umgang zwischen Eltern und Kind einsetzt. Während die Mutter intuitiv die «richtige» Dosis an Kontakt herstellt, müssen manche Väter erst lernen, sich auf das Baby einzustimmen, um den passenden Kontakt anzubieten.

Dabei sind Ungeborene aktiv an der Herstellung oder Unterbrechung des Kontakts beteiligt. Manchem Baby genügt eine Hand, die fast nicht berührt, um einen Körperteil in diese Richtung zu strecken. Andere lieben die feste Berührung, und sie folgen der Hand, wenn sie sachte losläßt, um den Kontakt zu behalten. Erstaunliches ist durch Berührung im Mutterleib möglich: Durch haptonomische Berührung[1] lassen sich Ungeborene aus der Beckenendlage in die Schädellage locken – anders als bei einer äußeren Wende (beides bewirkt, daß der Kopf bei der Geburt vorangeht). Manche Neugeborene reagieren besonders auf eine Berührung oder Stimme, die sie bereits vor der Geburt kennengelernt haben: z. B. wenn der Vater ein bestimmtes Lied immer wieder sang, so wirkt dies beruhigend. Eine Hebamme erzählte von einer sehr schwierigen Geburt, nach der das Baby sich nicht beruhigen konnte. Schließlich nahm der Vater es auf seinen Arm und sang ihm «sein Lied» vor. Innerhalb kürzester Zeit wurde das Kind still und lauschte aufmerksam, bis es schließlich einschlief. Das Lied verband Vater und Kind lange Zeit und hatte immer dieselbe wohltuende Wirkung.

Das sind einige Hinweise, wie früh bei einem Neugeborenen neben den Fähigkeiten der Sinneswahrnehmung, der Bewegung und der Kontaktaufnahme auch die Erinnerungsfähigkeit ausgebildet ist. Aus meiner Sicht sind es zudem Zeichen, welches Wunder die Entwicklung eines Kindes darstellt, und wie vollkommen seine Eigenständigkeit und Kompetenz schon ist.

Wenn Paare ihr erstes Kind bekommen, so haben viele den Wunsch, während der Schwangerschaft in Kursen und aus Büchern möglichst viel über Geburt und Kindererziehung zu lernen. Das ist sicher ein guter Weg, Informationen zu sammeln.

Ein anderer, den ich mindestens genauso wichtig finde, ist es, Paaren, die kleine Kinder haben, über die Schulter zu sehen und mitzuerleben, wie sie mit ihrem Kind umgehen. Wir

1 Haptonomie: das «Wort von der Berührung» – eine körper- und wahrnehmungsbezogene Therapieform

werden merken, wie in uns Freude beim Miterleben entsteht, wenn ein Baby gefüttert, gewickelt, getröstet wird, oder wenn mit ihm gespielt wird. Genauso spüren wir aber auch unseren Unwillen oder stärkere Gefühle dabei, wenn uns etwas «gegen den Strich geht». Wir lernen unsere Beurteilungen von Situationen realistisch einzuschätzen, indem wir auch ganz andere Umgehensweisen erleben. Zum Beispiel ist es für Eltern von Neugeborenen recht schwierig, herauszufinden, was das Baby gerade wirklich braucht. Wir sind geneigt, aufgrund unserer eigenen Erfahrungen das Bedürfnis zu interpretieren. Ohne ergänzende Erlebnisse würden wir vielleicht ein weinendes Baby auf den Arm nehmen und trösten wollen, obwohl es eigentlich gerade seinen Unwillen darüber äußert, daß die Hose voll ist. Wir erkennen das nicht so leicht, wenn unser eigener Wunsch lautet: Tröste mich, wenn ich weine, denn für mich bedeutet das Traurigsein. So können wir uns mit unseren persönlichen Erziehungserfahrungen und denen anderer auseinandersetzen. Ferner können wir auf diese Weise unser gegenwärtiges Erleben mit dem Handeln anderer und unserem eigenen Wissen über den Umgang mit Kindern abgleichen. Wir können daraus ein ungefähres Bild davon entwerfen, wie wir uns als Eltern verhalten möchten, und sind dem Geschehen nicht ausgeliefert. Nach der Geburt begegnen uns dann ohnehin noch viele Dinge, die jetzt nicht absehbar sind. Dem Gespräch mit dem Partner oder der Partnerin kommt bei all diesem eine wichtige Bedeutung zu, um sich gegenseitig zu verstehen und so einen gemeinsamen Weg zu finden.

Sich mit den Bekannten aus dem Geburtsvorbereitungskurs oder einem Elternkurs, die ja in einer ähnlichen Lebenssituation sind, weiterhin zu treffen, ist für das Leben mit Kind sehr hilfreich. Im Austausch mit ihnen relativieren sich die Hürden des Anfangs. Später bewähren sich Elterngruppen auch bei gemeinsamen Unternehmungen, denn in einer großen Runde macht manches mehr Spaß. Kindergruppen ermöglichen gegenseitige Entlastung der Familien und fördern die sozialen Fähigkeiten der Kleinen.

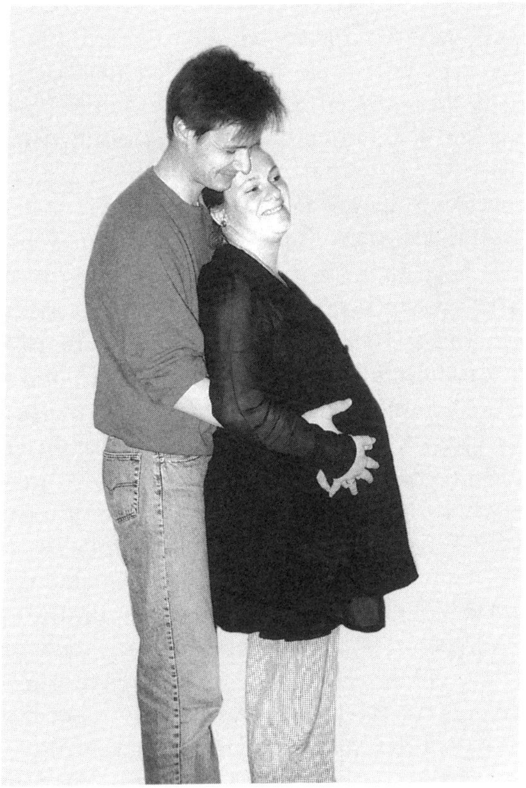

*Abbildung 1: Das Baby spüren. Wenn Eltern es «zwischen ihre Hände» nehmen, kann das auch für das Paar eine schöne Erfahrung sein.*

Anregung für schwangere Eltern: **Das Baby spüren**

Nehmen Sie sich eine Viertelstunde Zeit, suchen Sie sich einen ruhigen Platz und machen Sie es sich bequem. Sie als Schwangere bestimmen, ob Sie lieber sitzen, stehen oder liegen möchten und geben Ihrem Mann die nötige Information, damit es Ihnen beiden bequem ist; dafür sorgen auch Sie als Vater. Günstig ist es, wenn Sie eine Zeit gewählt haben, in der Ihr Kind aktiv ist. Aber Sie können es auch einmal wecken, indem Sie den Bauch ein wenig rütteln. Allerdings haben Ungeborene einen guten Schlaf-Wach-Rhythmus und schlafen außerhalb ihrer Wachphasen bald wieder ein.

Nun legen Sie Ihre Hände so, daß das Baby sich jeweils zwischen Ihren beiden Händen befindet (das bedeutet: eine Hand liegt zum Beispiel kurz über dem Schambein vorn am Unterbauch, dann liegt die zweite gegenüber etwa am Kreuzbein im Rücken, beziehungsweise die Hände liegen rechts und links an den Bauchseiten usw.) und warten, was geschieht. Schicken Sie Ihren Atem zu dem Kind, so als könnte er «wirklich» durch die Hände bis zu Ihrem Baby fließen. Stellen Sie sich beide den Weg von Ihrer Lunge über die Arme, Hände, die Bauchdecke bis in die Gebärmutter vor. Spüren Sie die Wärme Ihrer Hände, und prüfen Sie, ob sie so gut – und nicht zu fest – am Bauch liegen. Nun sprechen Sie jeder in Gedanken mit Ihrem Kind.

Wenn es «antwortet», d. h. sich bewegt, so können Sie den Druck sachte verändern und merken, ob es darauf reagiert. Seien Sie phantasievoll, probieren Sie aus, was Ihnen allen gefällt. Akzeptieren Sie auch, wenn Ihr Kind nicht «mitspielen» will. Nehmen Sie sich Zeit, es immer noch ein wenig anders zu probieren, bis Sie «Ihren» Weg gefunden haben.

Beenden Sie dies nach einer Weile, indem Sie sich von Ihrem Kind in Gedanken verabschieden und die Hände langsam wieder wegnehmen. Da Sie als Frau auch dabei besser spüren, was guttut, teilen Sie dies Ihrem Partner mit. Tauschen Sie sich über Ihre Wahrnehmungen aus, wenn Sie möchten.

### Neugeboren

Wer schon einmal ein gerade geborenes Kind gesehen hat, wenn es auf dem Bauch oder im Arm der Mutter ruht, der wird diesen Blick nicht vergessen: «Es ist, als sähe man in die Tiefen alles Wissens dieser Welt», sagte mir ein Vater; und eine Mutter meinte: «Man hat das Gefühl, als würde dieser Blick einen in sich aufsaugen.»

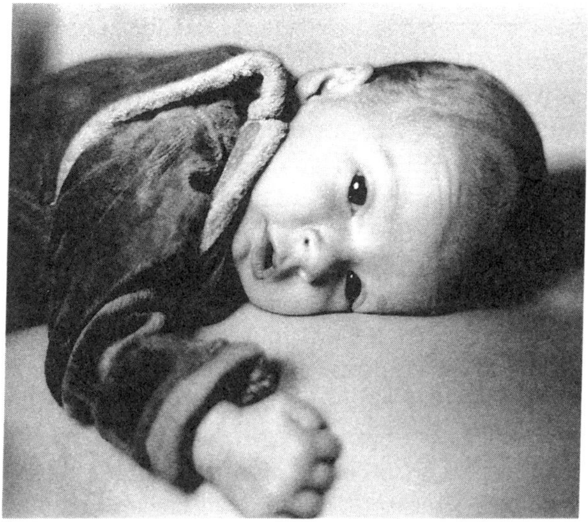

*Abbildung 2: Auch im Alter von einer Woche ist der Blick des Kindes noch unergründlich tief.*

Ich möchte diesen Aussagen noch eine persönliche hinzufügen: Dieser Blick zog mich jedesmal wie magisch an, und ich konnte nicht aufhören, hinzusehen, einzutauchen in diese Augen, die in mein Innerstes hineinsahen, so daß wir uns gegenseitig in uns aufnahmen. Zudem erinnere ich mich an weitere Sinneseindrücke: den so typischen Geruch von «neuem Kind», seine Tönchen, seine Haut ...! Gleichzeitig wurde mir meine Begeisterung für das Wunder Natur deutlich, die «es so gut eingerichtet hat», daß die Eltern-Kind-Beziehung gleich beginnen kann: Diese gegenseitige Anziehungskraft, die sicherstellt, einander kennenlernen zu wollen und die Fähigkeiten der Sinnesorgane, es auch zu können.

Menschliche Säuglinge werden zu einem Zeitpunkt geboren, an dem ihre Entwicklung im Mutterleib eigentlich noch nicht beendet ist – verglichen mit anderen Hominiden (Menschenartigen). Die menschentypische Höherentwickung des Großhirns hat ein vergrößertes Schädelwachstum zur Folge. Im Laufe der Evolution des Menschen hat sich deshalb der Geburtszeitpunkt so vorverlegt, daß der Kopf des Säuglings gerade noch durch den Beckenausgang paßt. Der Mensch ist eine «physiologische Frühgeburt» und holt etwa im ersten Vierteljahr das an Entwicklung nach, was bei den uns nahe verwandten Affen noch im Uterus geschieht.

Das bedeutet aber bei weitem nicht, daß es sich hier um ein «dummes Vierteljahr» handelt! Wie wir bereits hörten, haben schon die Ungeborenen eine ganze Reihe von Kompetenzen. Wir müssen nur manchmal recht genau hinsehen, um das wahrzunehmen, was Neugeborene schon alles können.

Aufgrund ihrer Hilflosigkeit in diesem «frühen» Entwicklungsstadium sind Säuglinge darauf angewiesen, intensiv betreut zu werden. Die menschlichen Ahnen waren Nomaden, die Kinder mußten mitgenommen, am Körper getragen werden, denn nur so waren Fürsorge, Schutz und Ernährung sichergestellt. Bernhard Hassenstein prägte 1973 den Begriff: «Tragling» für diejenigen Jungtiere – und auch Kinder –, die von einem Erwachsenen getragen werden. Obwohl Menschenkinder – außer es sind Frühgeborene oder sehr leichte Babies – ihr Körpergewicht nicht selbständig tragen können, schließen sie im Hüftsitz die Oberschenkel fest an den Körper der tragenden Person, als wollten sie sich halten. Die Tatsache, versorgt werden zu müssen, schafft für Babies Abhängigkeit von den Erwachsenen. Also muß für die Erhaltung der Art sichergestellt sein, daß diese die Jungen auch versorgen mögen, besonders, wenn als Erschwernis das Herumtragen hinzukommt. Das sogenannte «Kindchenschema» (der Begriff stammt von Konrad Lorenz), das dazu führt, daß wir beim Anblick von Babies und Jungtieren in Entzücken geraten, ist die Grundlage. (Im Vergleich zum Körper ist der Kopf groß. Der Gesichtsschädel ist klein gegenüber Stirn und Hinterkopf, die Augen schauen einen groß an.) Es lockt uns, Kontakt aufzunehmen, ihn zu intensivieren und dieses neue Wesen kennenzulernen: So siehst du also aus, so schaust du mich an...

*Abbildung 3: «Kindchenschema». Erwachsene werden von den typischen Merkmalen eines Kindes besonders angesprochen: Kleines Gesichtchen im Vergleich zum sonstigen Schädel, gegenüber dem restlichen Körper ein vergleichsweise großer Kopf und große Augen.*

Währenddessen nehmen wir seinen Geruch in uns auf und auch das Kind den unseren und hören den Klang unserer Stimmen. Bereits nach wenigen Stunden beispielsweise unterscheiden Mütter das Weinen ihres eigenen Kindes von dem anderer, und Neugeborene bevorzugen den Milchgeruch der eigenen Mutter gegenüber fremdem und finden die Brustwarze ohne Hilfe, weil sie sich am Geruch orientieren. Diese ererbten Fähigkeiten helfen, daß Mütter im Umgang mit ihren Säuglingen sicher werden, das Kennenlernen vertiefen wollen und wirken deshalb bindungsfördernd. Die gegenseitige Bindung garantiert die dauerhafte Versorgung des Kindes. In der Anfangsphase ist die Mutter die Hauptbezugsperson und damit die wichtigste Bindungspartnerin; der Vater widmet sich zu Beginn dem Baby eher im Sinne des Familie-Werdens und -Gestaltens und konkret als Unterstützung für die Frau (Petri, 1997); denn Männer haben in der Beziehung zum Kind ursprünglich vor allem Interesse an Interaktion (Miteinander etwas tun), wie sie erst mit dem älteren Säugling möglich wird.

In den meisten Volksstämmen sind Väter zunächst weder bei der Geburt noch an der Kinderversorgung beteiligt, zumal wenn die Mütter mit den Neugeborenen in einem speziellen Haus untergebracht sind. Wenn das Baby dann in die Sippe eingeführt ist, lernen Vater und Kind sich kennen. Seine Erziehungsaufgabe im Sinne von Vorbildverhalten setzt dann ein, wenn die Kinder nicht mehr voll gestillt werden, weil meistens dann der Vater wieder mit der Familie zusammenlebt. In einigen Ethnien mit bäuerlicher Lebensweise (z. B. Papua-Neuguinea), wo der Mann neben der Jagd auch auf dem Feld hilft, beschäftigen sich die Väter schon früh mit ihrem Nachwuchs. Die Mütter sind währenddessen in der Nähe tätig, damit das Stillen nach Bedarf gewährleistet ist.

Für Kinder und Mütter gibt es Phasen, in denen die Bereitschaft, sich aneinander zu binden, besonders hoch ist, so zum Beispiel – unter normalen Bedingungen – eine kurze Zeit nach der Geburt. In diesen sensiblen Phasen besteht besondere Wachsamkeit und Bereitschaft füreinander. Allerdings festigt

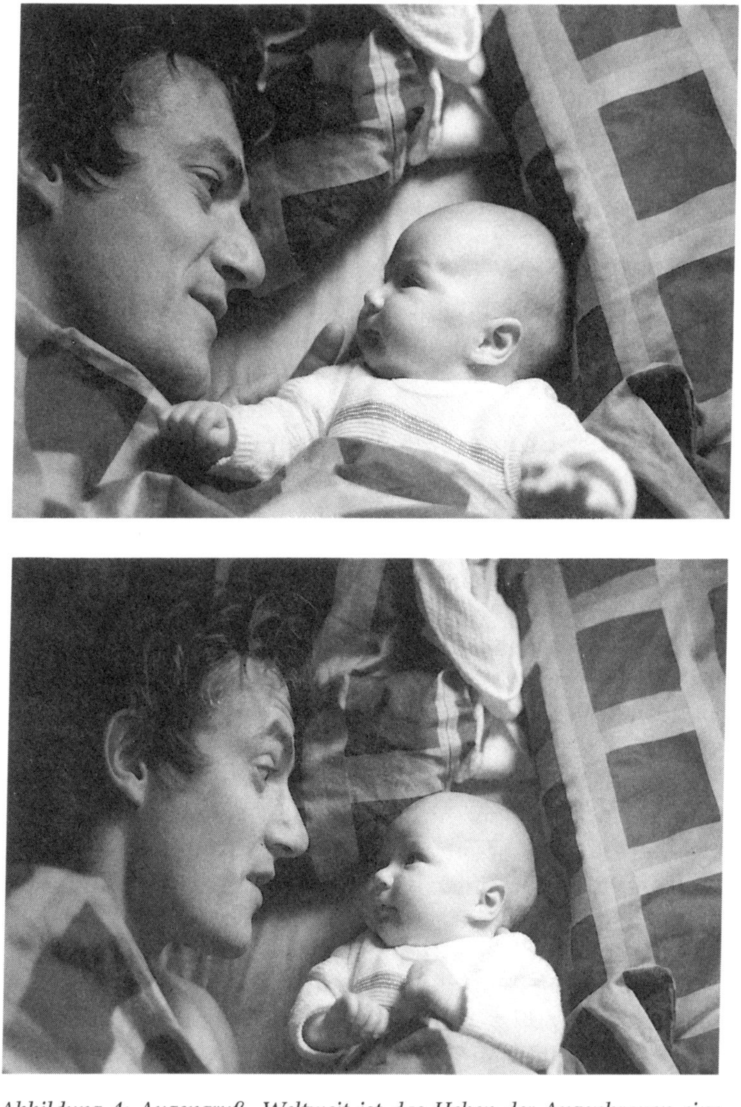

*Abbildung 4: Augengruß. Weltweit ist das Heben der Augenbrauen eine angeborene Grußreaktion – ein Teil der intuitiven Kommunikation zwischen Eltern und Kind. Hier beantwortet der Vater das Grußangebot des Kindes, was dessen Grußaktion noch verstärkt.*

sich mit jedem Blick, jedem Auf-den-Arm-Nehmen, jedem Füttern und Wickeln die Beziehung zwischen Eltern und Kind, weil immer tieferes Kennenlernen hinzukommt. Die intuitive Fähigkeit, Eltern zu sein, unterstützt in jeder Phase der Beziehung das Bindungsgeschehen.

Aber auch das Neugeborene trägt – wie wir es vom Ungeborenen bereits kennen – aktiv zum Entstehen der Beziehung bei. Wir können beobachten, daß das Kind den Kontakt selbst herstellt und aufrechterhält – oder auch wieder abbricht. Es fesselt unsere Aufmerksamkeit insbesondere durch seine Tönchen, den Blick, die Mimik und seine Bewegungen. Wir reagieren direkt darauf, auch wenn uns das oft nicht bewußt ist: Zieht das Baby seine Augenbrauen zum «Augengruß» hoch, tun wir dasselbe; sprechen wir mit ihm, so heben wir die Stimme in eine Tonlage, die Neugeborene besonders gut hören können. Automatisch halten wir das Baby in einem Abstand, in dem die kindlichen Augen am besten sehen können – dies alles sind unbewußte Maßnahmen, die Kontakt und gegenseitiges Kennenlernen zur Folge haben und daher bindungsfördernd sind. Je besser dieses Miteinander gelingt, desto sicherer werden sich darin beide Bindungspartner.

Lange Zeit wurde wenig beachtet, daß schon ganz junge Säuglinge eine Beziehung auch aktiv wieder beenden (s. Abb. 5). Vom Abwenden des Blickes (Wegsehen) über das Wegdrehen des Kopfes, des Sich-Abwendens bis hin zum «Knötern» und Schreien machen sie deutlich, daß sie nun genug haben. Auch dies kommentieren Eltern unbewußt z. B. mit: «Hast Du keine Lust mehr. . .» So wie Erwachsene die Zeit des Rückzugs brauchen oder etwas Neues tun wollen, gilt das auch bereits für Neugeborene. Der gegenseitige Respekt vor den Bedürfnissen des anderen ist eine wichtige Beziehungsgrundlage von Anfang an.

Die biologischen Signale, die Kinder und Eltern aussenden und intuitiv richtig verstehen, ermöglichen es ihnen, ab der Geburt miteinander in Beziehung zu treten, sie aufrecht zu erhalten und zu intensivieren. Infolgedessen sind wir moti-

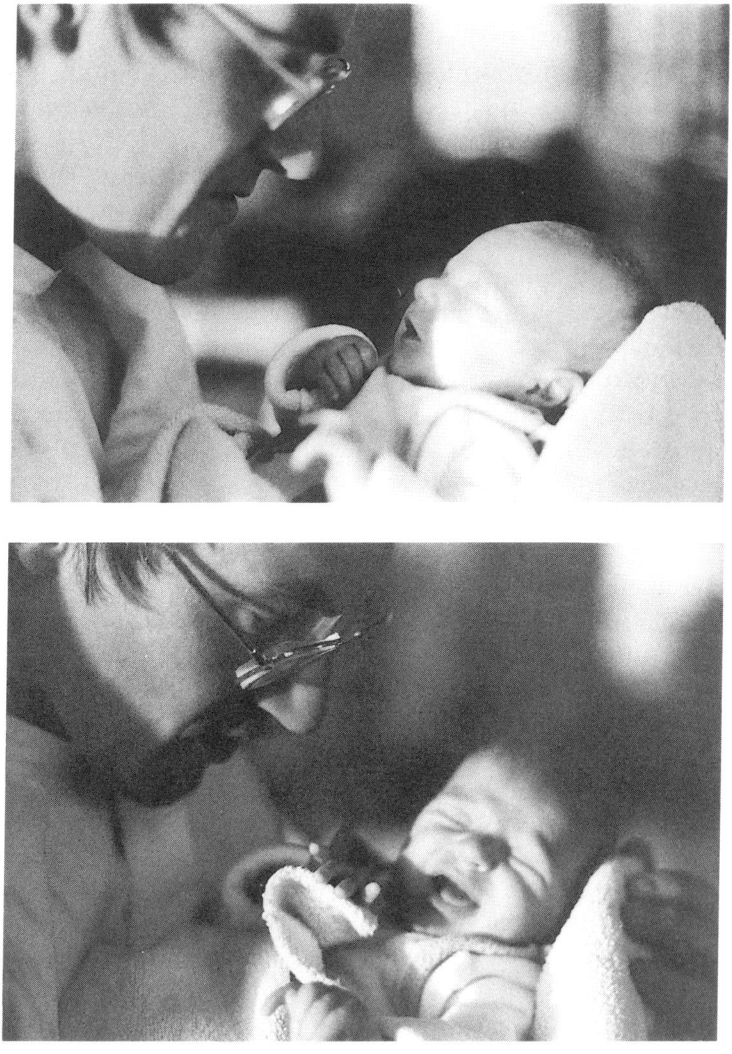

*Abbildung 5: Aktiver Kontaktabbruch. Schon ein wenige Wochen alter Säugling zeigt deutlich, wenn er «keine Lust mehr hat», indem er zunächst die Augen schließt, dann den Kopf abwendet und weint.*

viert, uns unseren Kindern gern zuzuwenden, neben dem Versorgen wie Füttern und Wickeln mit ihnen zu sprechen, zu spielen oder sie zu trösten, wenn sie traurig sind. Im Miteinander lernen wir ihre Bedürfnisse immer besser kennen und befriedigen und zeigen ihnen unsere eigenen Bedürfnisse, Gefühle durch unsere Weise, mit ihnen umzugehen.

Dennoch ist damit nicht von Natur aus das Funktionieren der Eltern-Kind-Beziehung gewährleistet, sondern überlegtes Handeln und intuitive Fähigkeiten sind gemeinsam nötig. In schwierigen Situationen ist es immer wieder hilfreich, sich auf die biologischen Grundlagen zu besinnen und die Signale des Babies wahrzunehmen und zu beachten. Wenn Eltern sich von Anfang an schulen, die kindlichen Verhaltensweisen wahrzunehmen und zu verstehen, so wird ihnen das in Krisensituationen weiterhelfen.

Schon am Anfang ist Unterstützung von außen wichtig und tut der Mutter-Kind-Beziehung gut. In allen Volksstämmen begleiten «weise Frauen» die Gebärende und helfen ihr, das Baby zu verstehen und angemessen zu behandeln. Das erste Anlegen ist solch eine Gelegenheit, bei der Hilfe von außen sinnvoll ist. Die Hebamme sorgt dafür, daß das Kind gleich lernt, die Brustwarze weit genug in den Mund zu nehmen, so daß die erste Bemühung Erfolg hat. Beim nächsten Mal kann das Baby es dann meistens schon selbst.

In der Gebärmutter stellte das Ungeborene den Kontakt nach außen aufgrund von Sinneseindrücken wie Licht, Stimmen, Geräusche und Berührungen durch die Bauchwand her und reagierte darauf. Im Zentrum standen aber Sinneseindrücke von sich selber: seine Bewegungen, seine Körperfunktionen, Verdauung, Träume, die Enge um es herum und der Hautkontakt seiner Arme und Beine mit sich selbst. Nach der Geburt werden die Eindrücke von außen sehr stark, die von sich selbst geringer, insbesondere der Hautkontakt.

Manche Neugeborene weinen viel in der Phase der Eingewöhnung. In früheren Tagen war es üblich, sie nicht gleich mit Strampelhose zu bekleiden, sondern in ein Tuch zu wikkeln. So war der Hautkontakt der Beine möglich und eine feste Hülle da. Tatsächlich läßt sich beobachten, wie die Kinder ihre Beine und Füße aneinander reiben und ruhig werden.

Erschreckend scheint für einige der große Raum um sie herum zu sein. Es beruhigt sie, eng an die Mutter angeschmiegt oder in einer engen Wiege o. ä. zu liegen, mit dem Kopf Kontakt zur elterlichen Hand oder der Bettchenwand zu haben oder sonst auf irgendeine Weise begrenzt zu werden (siehe: Anregung für Eltern: Erstes Miteinander). Sogar Neugeborene kriechen im Bett solange nach oben, bis sie am Kopfende liegen und die Begrenzung spüren.

*Abbildung 6: «Eingehüllt». Beruhigend liegt die Hand am Köpfchen des Kindes.*

Man kann als Mutter oder Vater den Wert von Grenzen als Quelle der Sicherheit und Angstfreiheit von Anfang an beobachten. In der erzieherischen Begleitung von Kindern werden Eltern damit noch oft konfrontiert werden.

Hautkontakt und Kontakt überhaupt beruhigt Neugeborene und Säuglinge (und nicht nur die), denn dieses sind menschliche Grundbedürfnisse. Damit wird ihr biologisches Bedürfnis nach Schutz in Form von Dabeisein erfüllt. Kinder, die bei ihrer Mutter oder ihrem Vater auf dem Arm oder am Körper sind, zeigen viel Zufriedenheit und fühlen sich behaglich, wenn ihre sonstigen Bedürfnisse zufriedengestellt sind.

Allerdings gilt das nicht für alle gleichermaßen. Manchen genügt es zu hören, daß jemand da ist. Manchmal ist ihnen das Dabeisein auch zu anstrengend, so daß sie erst ruhig werden, wenn sie in ihrem Bettchen liegen. Einige Kinder schlafen besser im Elternbett, andere dort besonders unruhig. Und dann haben wir Eltern ja auch noch unsere Wünsche und Bedürfnisse nach Nähe oder Abstand zum Kind oder Rückzug mit dem Partner.

Ich möchte hier nicht Forderungen nach einem bestimmtem elterlichen Verhalten aufstellen, sondern die Situation aus dem Blickwinkel des Kindes schildern: Wirkt das Kind zufrieden, so ist sicherlich alles gut so, wie es ist. Wenn das Neugeborene aber viel weint, so bedeutet dies nicht nur für das Kind, sondern auch für die Eltern Streß. Dann gilt es herauszufinden, was der Familie hilft.

Mir half, wenn ich mich in das versuchte hineinzufinden, was unser biologisches Erbe bedeutet. Dort ist das Kontaktbedürfnis sehr wichtig, denn Kontakt hat Betreuung, Ernährung, Schutz, Zuwendung, Sinnesanregung und Gemeinsamkeit zur Folge. Er fördert das Kennenlernen und bietet die Möglichkeit, sich aneinander zu binden, sich zugehörig zu fühlen. Das macht ein Kind angstfrei. Angstfreiheit ist Voraussetzung für die Bereitschaft zum Dazulernen und sich im Spiel zu erproben.

Das Hungerbedürfnis tritt gegenüber dem Sicherheitsbedürfnis zurück. Ängstliche Kinder essen nicht in Ruhe, sie sind auch nicht neugierig, im weitesten Sinn wird die kindliche Entwicklung durch Angst behindert.

In unseren Zeiten ist viel von Gewaltbereitschaft die Rede, viele Menschen haben Angst davor. Eine Erklärungsmöglichkeit für die Zunahme von Gewalttätigkeiten wäre, daß dieses Verhalten dazu dient, sich selber Sicherheit zu verschaffen. Es scheint, als müßten gewalttätige Menschen, die tief innen sehr ängstlich sind, durch ihr Handeln prüfen, ob sie Macht über den anderen haben und stärker sind, um im Streitfall sicher siegen zu können. Im biologischen Sinn heißt siegen überleben.

Junge Menschen, die nicht erfahren haben, sich in der Beziehung geborgen zu fühlen und dort ihren Freiraum, sich zu spüren und zu zeigen, aber auch ihre Grenzen erlebt haben, können sich nicht sicher sein, wie für sie diese Welt aussieht, wie die Regeln im Umgang mit anderen sind. Sie lernten zu wenig im Kontakt, mit ihren Gefühlen umzugehen und wie man der Situation angemessen handelt. Die Bindung an die Bezugspersonen bot zuwenig Angstfreiheit. So versuchen sie durch ihr gewalttätiges Verhalten ihre eigene Angst zu beruhigen.

Es ist nicht anzunehmen, daß direkte kausale Zusammenhänge zwischen dem Schreien und der Befriedigung des Sicherheitsbedürfnisses bei Neugeborenen und dem Menschen bestehen, der aus ihm wird, weil ja noch eine Vielzahl weiterer Erfahrungen im Leben hinzukommen werden. Aber es ist bekannt, daß den nichtsprachlichen Elementen eine große Bedeutung sowohl in der Entwicklung des Kindes als auch in der zwischenmenschlichen Kommunikation zukommt. Diese stehen besonders am Lebensbeginn, dem vorsprachlichen Entwicklungsabschnitt des Kindes, im Vordergrund; denn der Kontakt zu unserem Neugeborenen und Säugling geschieht vor allem nonverbal.

Wenn wir das – später oft so unbequeme – Setzen von Grenzen als Unterstützung schon für unsere ganz kleinen Kinder sehen können und nicht nur als Einschränkung, helfen wir auch uns auf unserem Weg als Eltern. Grenzen im biologischen Sinn sind anpassungsfähig, flexibel – nicht starr, wie wir sie selbst als Jugendliche vielleicht erlebt haben. Eine angemessene Grenzsetzung, die auch in ihrer Wiederholbarkeit Sicherheit vermittelt, darf sich durchaus passende Ausnahmen leisten. Wichtig daran ist vor allem, daß dem Kind die Situation und die Stimmung ähnlich den anderen Malen erscheint, so daß die zuvor vermittelten «Gesetzmäßigkeiten» nach wie vor vorhanden sind, Vertrautes wiederkommt. Wiedererkennen schafft Sicherheit. Das zeigen uns die Kinder selbst, indem sie neu gewonnene Fertigkeiten wieder und wieder üben, bis sie sicher beherrscht werden.

Und schon in diesen allerersten Anfängen wird klar, wie schwer es sein kann, «es richtig zu machen». Aber was wir Eltern immer tun können: es noch einmal auf andere Weise versuchen, um das «für uns Richtige» oder das «zu uns Passende» herauszufinden. Dafür gibt es keine Rezepte. Nicht nur die Kinder, sondern auch wir Erwachsenen sind von Natur aus damit ausgestattet, biologisch sinnvoll handeln zu können. Unsere Intuition und Phantasie sind schulbar, indem wir aufmerksam sind und auf unsere Gefühle hören. Gerade im Umgang mit dem Neugeborenen und Säugling werden wir sehr sensibel für diese Fähigkeiten. Vertrauen Sie sich selbst und bleiben Sie im Austausch als Paar darüber.

Anregung für Eltern: **Erstes Miteinander**

Nehmen Sie sich die Freiheit, während der Wehen die Hebamme und den Arzt zu fragen, ob Sie nach der Geburt eine Zeitlang mit Ihrem Kind als Familie allein sein können, wenn keine medizinischen Gründe dagegensprechen.
Und so könnten Sie diese Zeit nutzen:
Schauen Sie Ihr Baby an, fühlen Sie es, riechen Sie es, hören Sie ihm zu, sprechen Sie mit ihm. Sie werden sich gegenseitig lange Zeit betrachten, wenn niemand stört. Dann wird Ihr Kind leicht unruhig werden. Einer von Ihnen kann es dann am Mundwinkel berühren. Schauen Sie wieder, was geschieht. Ist Ihr Kind bereits hungrig, so wird es seinen Mund schiefziehen in Richtung der Berührung, vielleicht auch den Kopf dorthin wenden. Nun ist es Zeit, die Hebamme zur Unterstützung beim Anlegen und Stillen zu bitten.

Manchmal weinen die Neugeborenen auf dem Arm oder wenn sie in der Badewanne sind. Die neue Umgebung ist im Vergleich zum Uterus für das Kind riesig und ängstigt es wohl sehr. Wenn wir mit unseren Händen den Kopf und den kleinen Po fest anfassen, so daß es sich umhüllt fühlt, wird es bald ruhig. Beim Baden bleibt der Wunsch nach Begrenzung für viele noch lange Zeit bestehen und ist zufriedenzustellen, indem die Beine und der Po Kontakt zum Badewannenrand haben.

## Das erste Vierteljahr

### Die Familie

Besonders das erste Kind stellt für die Frau und den Mann sowie für ihre Beziehung eine große Herausforderung dar. Nicht nur die Lebensgewohnheiten, auch die Kontakte zu Freunden, der Umgang des Paares miteinander und das Rollenverständnis jedes einzelnen ändern sich.

*Der Umgang mit dem Baby ruft eigene Kindheitserfahrungen wach. Manche erinnern wir als angenehm, andere als einschränkend. Großelternbesuche verstärken unter Umständen die Erinnerungen, wenn wir unsere Eltern mit einem Baby erleben. Sich mit diesen Erlebnissen und Erinnerungen auseinanderzusetzen, ist oft schwierig – aber überaus lohnenswert, weil wir daraus unbewußt unsere Einstellung zum Elternsein entwickelt haben. Wenn sie uns bewußt wird, können wir sie formen – und eine Annäherung an die Großeltern findet statt.*

Für die junge Mutter spielt darüber hinaus die hormonelle Umstellung eine Rolle, und die ungewohnte Aufgabe, ihr Kind zu versorgen. In vielen Fällen kommen sich die junge Mutter und ihre eigene Mutter sehr nahe, und ihre Beziehung erreicht eine neue Qualität. Manchmal werden in dieser Situation aber auch Differenzen sehr schmerzlich bewußt. Unsere Mütter müssen auch erst lernen, Omas zu werden. Väter und

Großväter scheinen einen leichteren Zugang zu ihren Rollen zu finden.

Dies ist nicht nur eine Zeit der Kontaktaufnahme zum Kind, sondern aller Familienmitglieder in ihren neuen Rollen zueinander.

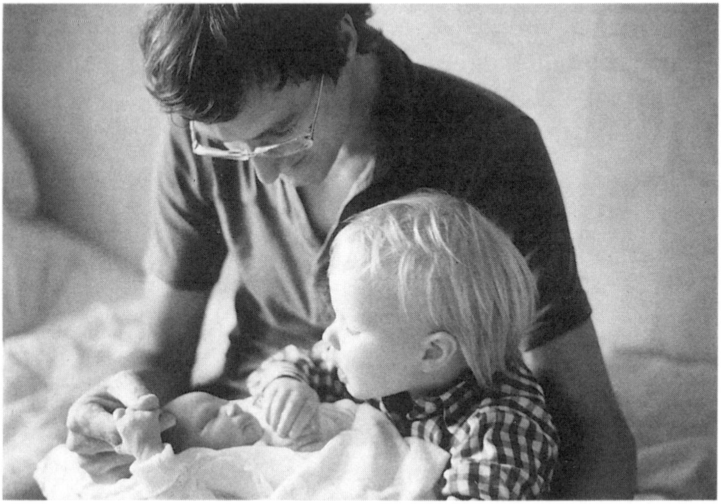

*Abbildung 7: Vater und die neuen Geschwister. Kleine Kinder treten intuitiv richtig mit dem Baby in Kontakt. Dies hält die Babyhand – wie der Papa.*

Gut ist es, am Anfang nicht alles allein machen zu wollen. Es gibt vielfältige Hilfsmöglichkeiten über Verwandte und Freunde hinaus. Rund um Schwangerschaft und Geburt ist die Hebamme zuständig. Sie berät auf Wunsch während der gesamten Stillzeit. Erkundigen Sie sich bei Ihnen im Ort oder der Gemeinde, ob es eine Stillgruppe oder Eltern-Kind-Gruppe gibt (s. Adressen für Eltern).

Nicht immer ist während der Schwangerschaft schon absehbar, wie die Eltern ihr Kind behandeln wollen, sondern das wird erst in diesen ersten Wochen klar. Da erweisen sich manchmal Väter als die besseren Mütter oder Mütter trauen den Vätern nichts zu oder beide sind vielleicht eifersüchtig auf das Kind. Es kommt vor, daß das Baby bestimmend wird für die junge Familie oder als Trostspender der Mutter fungiert. Viele Gefühle spielen eine Rolle. Es ist schwer, den Überblick zu bekommen.

Das ist in solchen Phasen grundlegender Veränderungen völlig normal!

Schwierig wird es, wenn die Familie in dieser Unsicherheit verharrt und ihren Weg nicht findet. Kontaktpflege zum Kind basiert auf der Kontaktpflege der Erwachsenen. Das hierarchisch Ältere ist das Paar. Dann kam das Baby dazu. Diese Ordnung wiederherzustellen ist wichtiger Bestandteil meiner Elternberatung. Letzlich nutzt es dem Kind wenig, wenn die Eltern in der frühen Phase der Elternschaft die Weichen für Gemeinsamkeit und Austausch nicht stellen und sich dann einander entfremden – was die steigende Zahl von Ein-Elter-Familien zeigt (siehe: Das Elternpaar im Gespräch).

Eltern dürfen, ja sollen ihre Bedürfnisse ernstnehmen. Wenn die des Kindes dagegenstehen, ist es von Anfang an hilfreich, einen Kompromiß zu finden. Dem Austausch mit anderen Elternpaaren messe ich eine große Bedeutung bei. Es hat sich stets bewährt, wenn die Paare aus Schwangerenkursen sich als Eltern mit den Kindern weitertreffen.

## Der Anfang

Die ersten Wochen mit dem Säugling sind geprägt vom Sich-aneinander-Gewöhnen. Da scheint zunächst wenig Zeit übrig zu sein, um zu beobachten, was solch ein Winzling bereits für Fähigkeiten hat. Auch ist zunächst Entwicklung nicht leicht erkennbar.

Während äußerlich Unruhe und Eingewöhnen im Vordergrund stehen, geschieht bei dem Kind in dieser Zeit still und leise sehr viel. Sie erinnern sich: diese Wochen sind «außen nachgeholter Gebärmutteraufenthalt». Manche Menschen beschreiben es auch als die Zeit, in der das Baby «auf der Erde ankommt».

Einige Säuglinge sind sehr unruhig und weinen oft. Die Eltern wissen nicht, wie zu helfen ist, und sind ihrerseits beunruhigt. Hier gilt es, die Aktivitäten zurückzuschrauben und sich selbst und dem Kind diese Eingewöhnungszeit zu erlauben. Die Anthroposophen bleiben mit den Kleinen in den ersten sieben Wochen zu Hause. Das bedeutet, der Alltagstrubel wird möglichst von ihnen ferngehalten. In einer Reihe anderer Kulturen geschieht dies ähnlich. Häufig ist zudem dort die Mutter in diesen Rückzug miteingebunden, sie lebt zum Beispiel mit dem Baby im Frauenhaus und wird von anderen Gruppenmitgliedern umsorgt. Rituale unterstützen Mutter und Kind während dieser Phase des Eingewöhnens.

Auch die Frauen in unserem Kulturkreis haben sehr stark das Bedürfnis nach Unterstützung. Sie fühlen sich nach der Geburt so bedürftig wie ein Baby und wollen von ihrem Partner umsorgt und gehegt werden – der das oft gar nicht versteht und eher befremdet reagiert. Heultage und Mißverständnisse können die Folge sein. Diese Gefühlslage der Mutter scheint aber biologisch sinnvoll zu sein, damit sie sich in das Baby einfühlen kann.

Ich möchte es an folgender Situation verdeutlichen: Das Kind ist geboren, alle sind versorgt, der Weg ins Zimmer steht bevor, und die Betreuungspersonen raten der Mutter, sich «doch erstmal auszuruhen» und ihr Kind ins Kinderzimmer zu geben, wo die Kinderschwester darauf aufpaßt. Tut die Mutter es, so schildert sie am nächsten Morgen, daß sie kein Auge zugetan hätte: Und die Antwort bestätigt uns: «So geht das den Müttern meistens.» Abgesehen von der Tatsache, daß es kein guter Rat war, zeugt dieser Umstand davon, wie die biologische Bereitschaft der Mütter angelegt ist: Das hormonelle Geschehen und das überwältigende Geburtserlebnis machen die Frau hellwach, auch wenn die Geburt noch so anstrengend war. Keine Kinderschwester kann ein Neugeborenes so gut bewachen wie die eigene Mutter. Sie reagiert selbst im Schlaf auf Bewegungen des Kindes, erst recht auf Töne. In Klinikzimmern mit mehreren Müttern wacht sie zudem recht bald nur noch auf, wenn das eigene Kind sich meldet.

In unserer Kultur ist der Schutzzeitraum von Mutter und Kind nicht so klar. Aber es gibt auch hier bestimmte Zeiträume, die beachtet werden: Das Wochenbett – zunächst eine Woche –, zehn Tage Betreuung durch die Hebamme zum Teil zu Hause, Nachsorge durch den Frauenarzt nach sechs Wochen, Vorsorgeuntersuchungen des Kindes: nach der Geburt, am fünften Tag, nach ca. sechs Wochen, nach einem Vierteljahr usw. Die Taufe als Aufnahme in die Gemeinschaft der Gläubigen ist der Aufnahme in die Sippengemeinschaft bei anderen Kulturen vergleichbar.

In den ersten Wochen festigt sich üblicherweise die Stillbeziehung, während sich die Rückbildung der Gebärmutter vollzieht, die dann etwa nach sechs Wochen abgeschlossen ist. Das entspricht der Zeit, die der gesetzliche Mutterschutz dauert. Das Baby und die Mutter haben inzwischen einen Eßrhythmus gefunden. Jetzt ordnet das Kind das menschliche Gesicht als Quelle von Zuwendung ein und lächelt zum ersten Mal. Meistens hat es mit ca. zwölf Wochen einen Schlaf-Wach-Rhythmus. Das Baby beginnt mit etwa zwei Monaten für uns deutlich sichtbar nach Gegenständen zu greifen, kann in Bauchlage den Kopf gut halten und wendet ihn den Eltern hinterher.

## Das Kind

Sehen wir uns doch das Baby mal genau an.

Es hat bestimmte Zeiten, an denen es besonders fit ist und sich gern mit uns beschäftigt. Das legt nahe, diese Phase der wachen Aufmerksamkeit miteinander zu nutzen. Lange Zeit betrachtet es uns nach wie vor. Wenn wir dem Blick folgen, so arbeitet er wie ein Scanner. Viele Punkte im Gesicht des Erwachsenen werden nacheinander angesehen, an einigen verharrt der Blick oder kehrt immer wieder hin. Manchmal haben wir das Gefühl, der Blick geht immer über unseren Kopf hinweg. Tatsächlich lernen die Kleinen zuerst die äußere Begrenzung des Gesichts kennen, später dann die individuellen Kennzeichen wie Augen, danach Mund und Nase. Ehe das Elterngesicht bekannt ist, weiß das Kind schon: dies ist ein menschliches Gesicht. Etwa in dieser Zeit wird auch das erste, gezielte Lächeln gezeigt. Vorher lächelte das Baby eher unwillkürlich. Das Elterngesicht wird dem anderer Personen noch nicht bevorzugt.

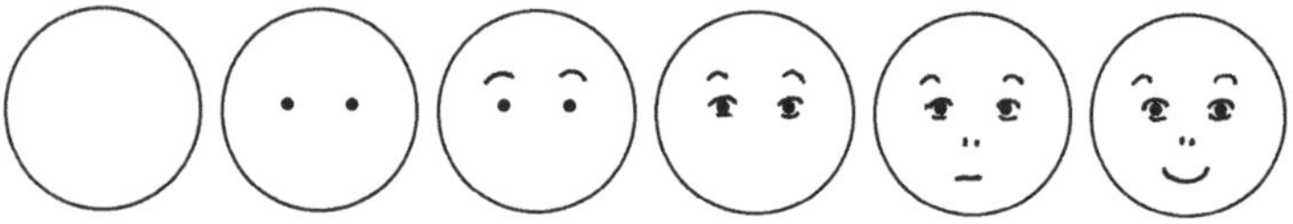

*Abbildung 8: Erkennen der Merkmale des Elterngesichts. Mit Hilfe von Gesichtsattrappen hat man herausgefunden, welche Merkmale des Elterngesichts mit zunehmendem Alter des Kindes vorhanden sein müssen, um ein Lächeln auszulösen. Daraus ist zu schließen, daß das Kind diese Merkmale erkennt.*

Wenn wir das Zimmer des Kindes betreten, so reagiert es sofort auf die Stimme und wendet uns den Kopf zu. Beugen wir uns über das Bettchen, zeigen vermehrte Bewegungsaktivitäten von Beinen und Armen, wie aufgeregt oder erwartungsvoll der kleine Mensch ist. Die Ärmchen schlagen auf die Bettdecke oder den eigenen Bauch, die Beine strampeln. Später steigert sich dies und wird von Lächeln, mitunter von Begeisterungstönen begleitet. Drehen wir uns in dieser Situation um, so folgt die Enttäuschung sofort: Jede Bewegung hört auf, der Blick wird ernst. Das Kind wartet, was nun geschieht. Wenden wir uns nun zurück, wird es sogleich wieder strahlen und vielleicht juchzen. Gehen wir aber fort, so setzt meistens heftiger Protest ein. Wenn dieser Protest uns zurückholt, so ist das ein Lernschritt: Damit kann ich als Kind in dieser Situation etwas bewirken.

Säuglinge liegen sehr gern ausgezogen – vor allem ohne Windel – und genießen die Bewegungsfreiheit. Wir können beobachten, wie die Füße sich gegenseitig berühren, sich aneinander reiben, ein wenig hochgezogen werden. Die Hände liegen in den ersten Wochen entspannt nebeneinander auf der Brust des Kindes. Dabei sind sie geöffnet und befühlen mit den Fingern die Brust, reiben darüber und werden zwischendurch auch immer wieder betrachtet, meistens einzeln. Die Stellung, die die fixierte Hand dabei einnimmt, ist auffällig abgeknickt, der Arm bleibt fast gestreckt. Der Blickkontakt zwischen Auge und Hand ist deutlich sichtbar, der Gesichtsausdruck des Kindes konzentriert-interessiert. Dabei sind oft die Augenbrauen leicht hochgezogen und der Mund etwas gespitzt.

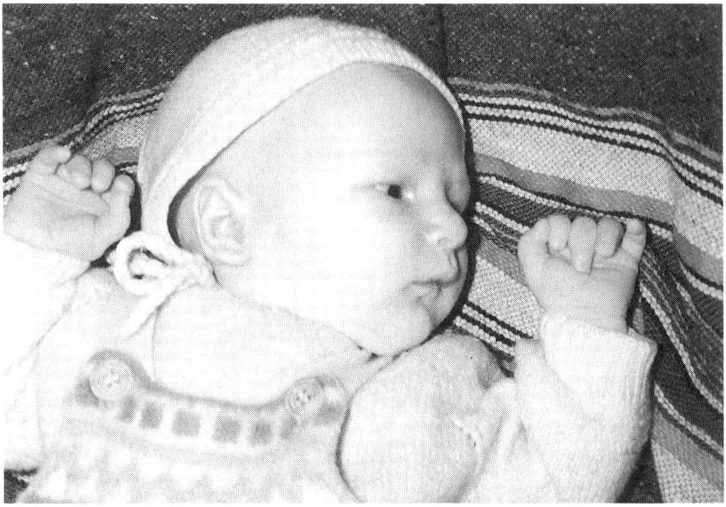

*Abbildung 9: Handbetrachten. Das Baby fühlt die Haltung der Hand über seine Muskelstellungen und sieht sie, beides wird im Gehirn verrechnet. Ein anderes Mal kommt die Erfahrung von Berührung mit einem Gegenstand hinzu. So lernt es greifen.*

Es gibt eine Zeit, in der wir sehen können, wie das Baby seine Hand ansieht und den Mund öffnet, als wollte es die Hand hineintun. Es nimmt die Hand als Faust auch hoch – legt sie aber dann auf's Auge. Tag für Tag wird seine Zielsicherheit größer, bis schließlich das Fäustchen den Mund trifft und das Kind daran lutschen kann, denn es übt immer wieder dieselbe Bewegungsabfolge.

Wir haben unwillkürlich die innere Haltung, Säuglinge müsse man besonders vorsichtig behandeln, als könnten sie kaputtgehen. Nachhaltig besteht die Überzeugung, ein Säugling könne seinen Kopf nicht halten, infolgedessen müsse man ihn stützen beim Hochnehmen. Es ist tatsächlich lange Zeit schwierig für Kinder, den schweren Kopf mit Hilfe der vorderen Hals- und Bauchmuskeln zu heben. Aber die seitlichen Halsmuskeln und vor allem der lange Rückenmuskel sind von Anfang an stark genug, den Kopf zu halten. Und wenn sie ermüden, sinkt das Kinn auf die Brust und stützt sich so ab. An diesem Beispiel läßt sich verdeutlichen, wie wir unseren Kindern ihre Fähigkeiten auch zutrauen können – oder es ihnen abnehmen sie zu entwickeln, indem wir den Kopf stützen.

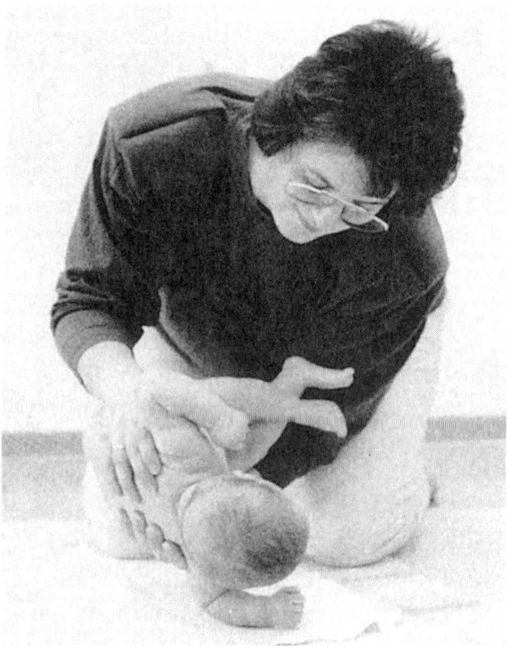

*Abbildung 10: Am Hochnehmen beteiligen. So können auch Eltern sich von ihrem Kind ein wenig Last abnehmen lassen.*

Anregung für Eltern: **Das Kind am Hochnehmen beteiligen**

Vielleicht zeigte es Ihnen schon Ihre Hebamme: Täglich nehmen Sie Ihr Baby viele Male hoch. Wenn Sie sein Können in diese Handlung miteinbeziehen, so kann es seine Fähigkeiten immer wieder einsetzen und vervollkommnen. Zugleich wird es nicht «entmündigt», indem Sie für das Kind etwas tun, das es – wenigstens zum Teil – schon selber kann. Ein Säugling braucht die Unterstützung von Rücken, Nakken und Kopf mit den Handflächen bzw. Fingern des Erwachsenen, ihn aus der Rückenlage hochzunehmen. Dabei wird das Kind nicht beteiligt. Anders ist es bei folgendem Vorgehen:

Legen Sie Ihre Hände rechts und links unter die Achseln Ihres Kindes und rollen es auf eine Ihrer Hände, so daß das Kind seitwärts auf Ihrer Hand liegt. Ihre andere Hand stützt von oben (s. Abb. 10).

Wenn Sie möchten, können Sie das Kind auch fast bis in Bauchlage auf Ihre Hand rollen. Sein Gesicht zeigt nun zur Seite oder nach unten, der Kopf ist nicht unterstützt. Fassen Sie Ihr Kind fest an und heben Sie es so über die Seite langsam in die Höhe und dann an Ihre Brust.

Wollen Sie das Kind ablegen, dann geshieht das so, als liefe die Bewegung rückwärts: Sie nehmen das Kind aus der Senkrechten in die seitliche Lage, indem Sie es wieder auf eine Ihrer Hände legen, die andere faßt von oben wie zuvor. Das schwere Köpfchen wird zuerst auf die Unterlage gelegt, der Körper folgt. Wenn Sie, noch während das Baby auf Ihrer Hand ruht, diese unter ihm wegziehen, rollt es selbst in die gewünschte Lage.

Hilfreich ist bei dieser Art der Behandlung von Säuglingen, die Seite, über die Sie Ihr Kind hochnehmen, zu wechseln, damit auch die andere Seite der kindlichen Muskeln beteiligt wird.

## Kindliche Bedürfnisse

Die menschlichen Grundbedürfnisse sind in der Anfangsphase ganz deutlich wahrzunehmen. Es fällt den Eltern jetzt noch leicht, sie zu akzeptieren und zu befriedigen, auch wenn sie selber lernen müssen, die Bedürfnisse zu verstehen und angemessen zu befriedigen. Alle Babies auf der Welt machen durch die gleiche Mimik, Gestik und durch Laute deutlich, was gerade ihr Wunsch ist. Angeborenermaßen verstehen Eltern dies.

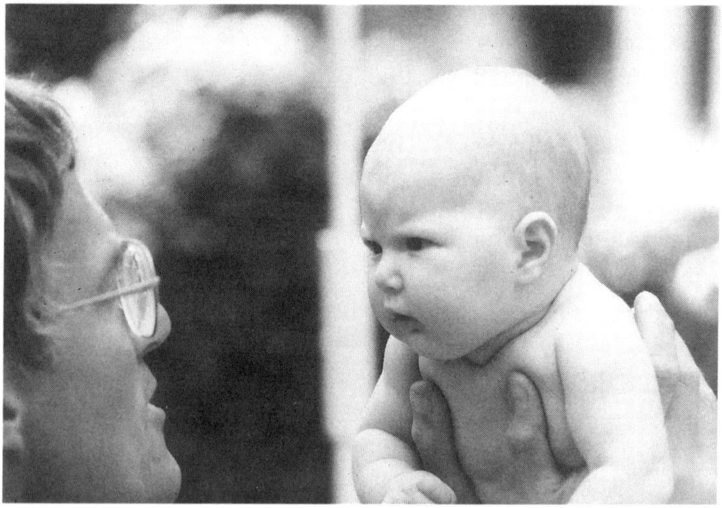

*Abbildung 11: Mimische Feinabstimmung Vater-Kind*

Schon direkt nach der Geburt zeigen die Kinder ihr Bedürfnis nach Nahrung durch Unruhe, Verziehen des Mundes, Wenden des Kopfes, besondere Töne und schließlich, wenn immer noch niemand versteht, durch Schreien an. Bleiben Mutter und Kind nach der Geburt zusammen – auch während der Nacht, so weiß die Mutter schon nach wenigen Tagen bei den ersten Anzeichen, wann das Kind Hunger hat. Bei häufigem Kontakt zwischen beiden schreitet das Kennenlernen schnell voran, wenn die Bereitschaft und die Möglichkeit da ist, sich auf das Neugeborene einzulassen.

Auf dieselbe Weise lernt die Mutter das Hungersignal von dem Wunsch nach Nähe oder Ruhe zu unterscheiden, weiß bald, ob das Baby Schmerzen hat oder welches Problem sonst vorherrscht.

Das klingt eigentlich ganz einfach. Das ist es auch, solange wir selbst entspannt zusehen können, gelassen bleiben und gern viel, viel Zeit mit dem Kind zusammen verbringen. Dann nämlich behalten wir genügend Abstand zum Kind und uns selber und bleiben klar in der Antwort auf kindliche Signale. Es ist auch hilfreich, zunächst nicht zuviel nachzudenken, was zu tun oder zu lassen ist. Die spontane Reaktion ist meist passend. Diese Distanz wiederzugewinnen, wenn es einmal schwierig wird, das ist die hohe Kunst im Umgang mit Säuglingen. Meistens gelingt es gerade unter Streß am wenigsten. Die persönliche Betroffenheit in der Situation und das Mitleiden mit dem weinenden Baby hindern uns allzuleicht.

Wir könnten uns in diesem Fall erlauben, das Problem nicht behandeln oder wegmachen zu können und gemeinsam darüber traurig sein.

Dies gilt für die nächsten Wochen – und länger – in allen Lebensbereichen.

Wir hörten schon, daß – stammesgeschichtlich betrachtet – Alleinsein ein Todesurteil war. Das erklärt, warum fehlender Kontakt sehr ängstigt. Kontakt zu anderen Menschen gewährleistet Schutz und Nahrung und ist zugleich die Grundlage, Bedürfnisse befriedigt zu bekommen, verschiedene Sinneseindrücke zu erhalten und eine Möglichkeit, die Zeit zu verbringen. Die Wünsche der Kleinen unterscheiden sich nicht sehr von den unseren.

Das Bedürfnis nach Sozialkontakt und Beziehung ist für die kindliche Entwicklung sehr bedeutsam. Im Kontakt entsteht Beziehung und Verbundenheit. Die Bezugspersonen sind die Quelle zur Befriedigung des ebenso wichtigen Grundbedürfnisses nach Zuwendung (oder Anerkennung und Bestätigung). Die biologische Ausstattung ist besonders darauf ausgerichtet, die Eltern zur Befriedigung dieser Bedürfnisse zu locken – wie bereits beschrieben. Neben den sozialen Signalen Blickkontakt, Augengruß und Lächeln sind bei genauem Hinsehen im Miteinander eine Menge Feinabstimmungen zu beobachten. So zeigen der Erwachsene und das Kind, die miteinander in Kontakt stehen, ähnliche Mundhaltungen, als seien sie im Gespräch. Sachtes, zueinander passendes Bewegen von Kopf und Körper ist zu sehen, Lautäußerungen des Kindes sind in Tonhöhe und Rhythmus auf die des Erwachsenen abgestimmt – und umgekehrt. Die kindliche Fähigkeit, Gefühle des anderen zu übernehmen und sie auszudrücken, dient – wie bei Erwachsenen – ebenfalls dazu, sich in das soziale Umfeld einzufinden, in Gleichklang zu kommen und zu «verstehen, worum es gerade geht». Wie es Daniel Stern (Stern, 1996) beschreibt: *«Beziehung ist wie ein Tanz: Die Schritte passen im Idealfall zueinander oder können gelernt werden. – Und manchmal tritt man sich auch zuerst auf die Füße, ehe es klappt. . .»*

Das Miteinander von Bezugspersonen und Kind formt die Art der Beziehung zwischen ihnen. Während das Kind mit den Eltern in Kontakt ist, bindet es sich an sie. Es lernt sie und ihre Art des Umgangs mit ihm, ihre Wünsche, Vorstellungen, Sichtweisen, Einstellungen und Reaktionen kennen und baut sich daraus seine eigene Vorstellung von der Welt, von den Menschen seiner Umgebung und sich selbst auf.

## Sich sicher machen

Kinder lernen durch Wiederholung – eine angeborene Lernstrategie (u. a. in: Hassenstein, 1999) –, was die Verknüpfungen im Gehirn festigt. In der Wiederholung erfahren sie außerdem die Befriedigung ihres Bedürfnisses nach Sicherheit. So fordern sie uns auch immer wieder auf, mit ihnen in Beziehung zu treten. Je konstanter unsere Angebote und Reaktionen sind, d. h. je berechenbarer für das Kind, desto sicherer fühlt es sich mit uns. Das wird besonders in der Fremdelphase, der speziellen Zeit von Überprüfung bisheriger Bindungserfahrung deutlich, wenn das Kind vor allem Konstanz, Gleichbleibendes sucht und alles Andersartige teils heftig ablehnt. Die Konstanz wird vielfach wiederholt abgefragt. Das Kind schreit in dieser Phase energisch, wenn sich ihm Menschen nähern, die es entweder nicht kennt oder die es gerade nicht sehen will. Stattdessen verlangt es vermehrt den Körperkontakt zur Mutter und ist machmal nur still, wenn es auch von dort den Fremden nicht sieht. Wenn ein Baby, das sich in der Fremdelphase befindet, gar auf den Arm genommen wird, dann ertönt ein solches Protestgeschrei, daß der Fremde es meist umgehend wieder weggibt. Bei milden Formen des Fremdelns, wie sie manche Kinder zeigen, gibt es keine solchen Protest, der Blickkontakt zu solch einem Baby ist dennoch besser zu vermeiden.

In den Baby-Gruppen weinen die Kinder während dieser Zeit nur dann nicht, wenn Erwachsene über sie «hinwegsehen» oder wenn die Kinder abseits und weggewandt mit ihren Müttern spielen.

Manchmal wird in der Fremdelphase sogar eine Ablehnung des Vaters gezeigt. Selbst er «darf» sein Kind nur noch in Gegenwart der Mutter hochnehmen, so daß es sie im Blick hat. (Hilfreich ist hier, das Kind von sich wegschauend auf dem Arm zu halten.)

Die Zeit dieses Verhaltens geht vorüber, wenn das Kind sein Maß an Bindungsbedürfnis herausgefunden hat. In anderen Worten, wenn es einschätzen kann – wie es durch unzählige Wiederholungen erfahren hat – wie die Hauptbezugsperson, meist die Mutter, reagiert, wie zuverlässig gleich das jedesmal ist. Dann ist sozusagen der Sack mit Erfahrungen voll, und die Fremdelphase abschließbar. Wehren wir Eltern uns dagegen, reagieren einmal gelassen, ein anderes Mal weniger, kommen mal sofort, mal nicht, so wird die Berechenbarkeit der Mutter durch das Kind verzögert oder schwierig. Die dauernde Verfügbarkeit, die das Kind in dieser Zeit fordert, ist für viele Frauen schwer auszuhalten. Ich möchte Ihnen gern ein Bild für diese Zeit geben, das uns immer im Sinn war, wenn unsere Kinder nur mich – immer wieder – verlangten: Es ist, als gäbe es einen Sack, auf dem steht «Bindungserfahrung», vielleicht auch noch «Sicherheit». In diesen Sack müssen ganz viele Erfahrungen hineingestopft werden, bis er voll ist. Wenn ich nun viele Erfahrungen in kürzerer Zeit ermögliche, indem ich geduldig mit den kindlichen Wünschen umgehe, dann müßte dieser Sack auch eher voll sein, und vielleicht die Fremdelphase – und damit die Anforderungen an unsere Geduld – nicht ganz so lang werden.

Zu verstehen, wozu dieser Entwicklungsschritt dient, hilft dabei, ihn geduldig zu begleiten. Besonders die Mutter wird dabei so sehr gefordert, daß sie dem manchmal am liebsten entginge. Zurückgewiesenen Vätern mag das Wissen um Fremdeln ein Trost sein und weitere Geduld ermöglichen.

Ich werde oft gefragt, ob denn alle Kinder fremdeln. Aus dem Vorhergesagten ergibt sich die Schlußfolgerung, sie müßten es sogar tun. Allerdings fremdeln Kinder ganz verschieden intensiv. Manchmal erzählen die Eltern: unser Kind hat nicht gefremdelt. Bei näherem Nachfragen hat es in der Phase nicht diese heftige Zurückweisung gezeigt, sehr wohl aber zu verstehen gegeben, daß diese oder jene Person ihm nicht gefiel. Dies geschah zum Beispiel «nur» durch deutliches Abwenden. Vielleicht hat die Bezugsperson aber auch recht schnell erfaßt, daß das Kind den Fremden nicht mochte, und entsprechend reagiert. Die klassische Acht-Monats-Angst, die Fremdelreaktion – der Ausdruck des kindlichen Bindungsbedürfnisses – ist heute oft viel früher schon zu beobachten. Heute haben die Babies viel mehr Kontakt zu ihren Müttern und Vätern, als es vor Jahren zur Zeit der ersten Beschreibungen des Fremdelns der Fall war. Damals wurden sie nicht viel getragen und kamen meistens nicht überall hin mit wie heute, sondern sie verbrachten viel Zeit im Bettchen, so daß wohl das Kennenlernen der Eltern länger dauerte.

## Die Sinne suchen Anregung

Der Kontakt mit Mutter und Vater ermöglicht dem Baby eine Vielzahl von verschiedensten Sinneseindrücken. Es sieht die Eltern, fühlt, riecht und hört sie. Es nimmt mit ihnen zusammen wahr, was sie wahrnehmen. Gemeinsam werden Erfahrungen gemacht. Eine gemeinsame «Geschichte» beginnt, die den Verwandten und Bekannten erzählt werden kann.

Das Bedürfnis nach Anregung der Sinne zählt ebenfalls zu den Grundbedürfnissen und führt zum aktiven Aufsuchen von Sinnesanregungen beim Kind wie beim Erwachsenen. Jeder von uns kennt den Wunsch, Dinge zu sehen, etwas zu unternehmen, Neues kennenzulernen. Die Aufnahme von Sinnesreizen bewirkt beim Neugeborenen, daß das noch unfertige Nervennetz sich mehr und mehr ausbildet. Die zunehmende nervliche Verknüpfung von Sinnesorganen mit dem Gehirn findet auf diese Weise statt, Wiedererkennen und Erinnern entstehen. Auch die Bewegungsentwicklung geschieht auf diese Weise.

Wir können schon beim Neugeborenen, noch deutlicher beim Säugling beobachten, daß er sich immer wieder mit seiner Umgebung beschäftigt. Das Kind schaut sich z. B. ein Spielzeug lange Zeit an, legt dann den Arm dorthin, öffnet die Hand und spielt mit den Fingerspitzen daran. Oder es bewegt den abgestützten Unterarm und die Hand, um den Gegenstand in Bewegung zu versetzen. Dabei öffnet es die Hand wie zum Greifen, aber das Öffnen geschieht zunächst nach dem Kontakt zum Gegenstand. Beim Ergreifen müßte die Hand zuvor geöffnet sein. Meistens machen die Kinder diese Erfahrung zufällig und lernen dadurch den richtigen Zeitpunkt und Ort des Öffnens kennen. Im ersten Vierteljahr werden diese Vorgänge unzählige Male wiederholt, bis im Gehirn genügend Meldungen eingegangen und ausreichend viele Verschaltungen hergestellt sind, die es ermöglichen, den komplizierten Greifvorgang schließlich für uns deutlich sichtbar

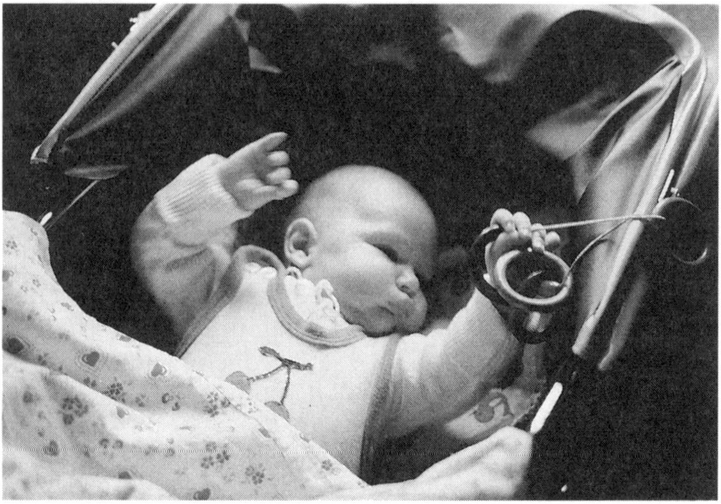

*Abbildung 12: Greifen im ersten Vierteljahr. Das Gesichtchen zeigt höchste Konzentration.*

durchzuführen. Ältere Säuglinge gehen schon sehr souverän mit ihren Spielsachen um.

Dazu gehört es, daß das Gehirn die Meldungen von Muskeln, die für die Bewegung nötig sind, mit Meldungen von Sinneszellen in der Haut über die Berührung verknüpft und mit der gesehenen Entfernung und Lage im Raum verrechnen lernt. Dann ist es möglich, die Muskeln gezielt so zu bewegen, daß die geöffnete Hand zum richtigen Zeitpunkt am passenden Ort den Gegenstand ergreift. Je kleiner dafür die Muskelanstrengungen zunächst sein müssen, desto eher wird dem Baby dies Erfolgserlebnis zuteil (siehe Anregung für Eltern: dem Kind zuschauen)

## Strukturen tun gut

Das Grundbedürfnis des Menschen, hier des Säuglings, seine Zeit auf bestimmte Weise zuzubringen (die Zeit zu strukturieren), ist für frischgebackene Eltern oft schwer zu lernen, denn es trifft zunächst selten auf die eigenen Rhythmen und sonstigen Bedürfnisse von uns Erwachsenen.

Wer in der Schwangerschaft aufmerksam die Phasen von Ruhe und Bewegung des Ungeborenen beobachtete, wird merken, daß die Rhythmen über den Tag verteilt sind. Sie bestehen nach der Geburt einige Zeit fort und haben in gewisser Weise auch zu unserer damaligen Zeiteinteilung und den biologisch-physiologischen Körperrhythmen Bezug. Mütter, die spät schlafengehen, haben oft ebensolche Babies. Hat der Foetus meistens spätvormittags gestrampelt, ist der Säugling häufig um diese Zeit wach und aktiv. Zunehmend lernen die Babies, sich an die Zeiteinteilung der Familie anzupassen. Sie brauchen sogar bestimmte Unterstützung dabei. In allen Lebensbereichen des Kindes dient es dem Gefühl von Sicherheit, wenn die Eltern Vorgaben machen, Anforderungen stellen, weil das Kind sich in diesem Rahmen entwickeln, und auch dort erst seine Eigenart und Andersartigkeit deutlich machen kann[1].

Die Forderung nach Selbstbestimmung des Eßrhythmus hat viele Familien verunsichert und die Kinder zu Zeiten mit Nahrung versorgt, wo diese eher gerade Bauchweh hatten und auf den Arm genommen werden wollten. Das trägt genauso wenig zur angemessenen Entwicklung bei wie Füttern genau nach der Uhr. Die natürlichen Abstände für die Nahrungsaufnahme des Säuglings liegen – individuell verschieden – bei etwa eineinhalb bis vier Stunden und lassen sich im kleinen Umfang durch unseren Einfluß nach vorn oder hinten verschieben. Daneben gibt es an manchen Tagen Störungen, die ebenfalls den Rhythmus verändern. Das Kind kommt dadurch nicht aus seinem eigenen Rhythmus, sondern die Familie findet den gemeinsamen.

1 Die Natur gibt uns Hinweise, daß ein Rahmen Schutz und Sicherheit bedeutet, obwohl Flexibilität besteht: Die Entwicklung im Mutterleib vollzieht sich in räumlichen Grenzen, innerhalb derer aber eine Menge Bewegungsfreiheit herrscht. Die Schwangerschaft dauert 282 Tage, Kinder kommen aber nur sehr selten am errechneten Termin zur Welt. Ein Neugeborenes hört auf zu weinen, wenn man es fest anfaßt; wird das zu fest, weint es wieder.

Neben dem Wunsch des Säuglings, mit den Eltern zusammenzusein, gibt es deutlich auch den nach Ruhe oder Rückzug. Es fällt auf, daß Babies bei zuviel Trubel um sie herum einschlafen – und so Ruhe bekommen. Die wache Zeit wird unterschiedlich intensiv miteinander verbracht. Stillen und Füttern haben eher den Charakter eines Rituals, manchmal vertreiben sich Eltern und Kinder die Zeit im Ausruhen, oder sie spielen ganz gezielt miteinander. Dann wieder gibt es schwierige Phasen, in denen Verständigung schier nicht zu gelingen scheint. Augenblicke von innigem Verstehen sind besondere Höhepunkte und sehr wertvoll für die Beziehung.

Was wir Menschen in dieser frühen Zeit für Erfahrungen machen, beeinflußt unsere «Sicht der Dinge» für unser ganzes Leben. Es lehrt uns, wie man sich als Mutter und Vater verhält. Es bestimmt unsere Entscheidungen mit, ob wir uns wichtig finden oder liebenswert, ob unsere Ideen angenommen werden, ob wir uns anpassen müssen oder die Erwachsenen sich uns anpassen und ob wir selbstsicher sind.

Für Eltern erscheint dies Wissen als Bürde, denn es ist unmöglich, das alles im Sinn zu haben, wenn sie Kinder erziehen.

Mir war dabei hilfreich, ab und zu Rückschau zu halten, wie ich mit den Kindern umging und mich zu fragen, ob ich als Kind damit zufrieden wäre und als Mutter es wieder so tun würde. Oft genug hätte ich dann anders entschieden, und ich wurde mir meiner Mängel und Fehler bewußt. Aber gerade dies ermöglichte mir für die folgenden Situationen auch andere Handlungsweisen. Winnicotts Aussage: «Kinder sind sehr fehlerfreundlich» – was für mich heißt: sie nehmen es mir nicht übel, sondern genießen positive Änderungen – hat mich motiviert, mir Fehler einzugestehen und es neu zu probieren. Außerdem erlebte ich, daß meine vier Kinder sehr verschiedene Sichtweisen der Dinge entwickelten, auch wenn ich doch vieles ähnlich machte. Das entspricht den Erkenntnissen, daß auch sie einen erheblichen Anteil an ihrer Persönlichkeitsentwicklung (siehe dort) haben, und wir Eltern von unseren Allmachtsphantasien, alles sei von uns zu beeinflussen, Abschied nehmen müssen.

Anregung für Eltern: **Dem Kind zuschauen**

Vermutlich hat Ihr Baby zur Geburt ein kleines Spielzeug bekommen. Wenn nicht, suchen Sie sich ein hübsches Tüchlein als Spielzeug, das Sie auch in der Mitte zu einer Art Kopf ausstopfen und abbinden können.

Wenn Sie mögen, befestigen Sie eine Schnur daran und binden es am Bettchen oder im Kinderwagen fest. Man kann es einfach auch nur hinlegen. Wichtig ist, daß der Gegenstand sich etwa armlang entfernt in Schulterhöhe des Kindes und somit in Sicht- und Reichweite befindet.

Bewegungen wirken am Lebensanfang wie in Zeitlupe. Die Babies spielen nur, wenn sie satt und frisch gewickelt sind – oder noch lieber: im warmen Zimmer nackt ausgezogen (auf wasserfester Unterlage).

Ihr Kind wird – wie oben beschrieben – seine Hand zum Gegenstand führen. Vielleicht mögen Sie ihm dabei zusehen. Wechseln Sie auch manchmal die Seite oder befestigen Sie auf beiden Seiten etwas. Lose liegende Sachen wird das Baby irgendwann packen und woanders hintun. Noch einige Wochen wird es dauern, bis es Dinge an anderen Orten greifen kann als an dem vertrauten Ort.

## Beginnende Selbständigkeit

### Motorische Entwicklung

Während das Kind Sinneserfahrungen aufnimmt, bilden sich unzählige neue Nervenverbindungen zwischen den Sinnesorganen und dem Gehirn. Je mehr Sinnesreize an das Gehirn weitergegeben werden, desto funktionstüchtiger werden die neuronalen Verknüpfungen auch im Großhirn («Die Software wird installiert»).

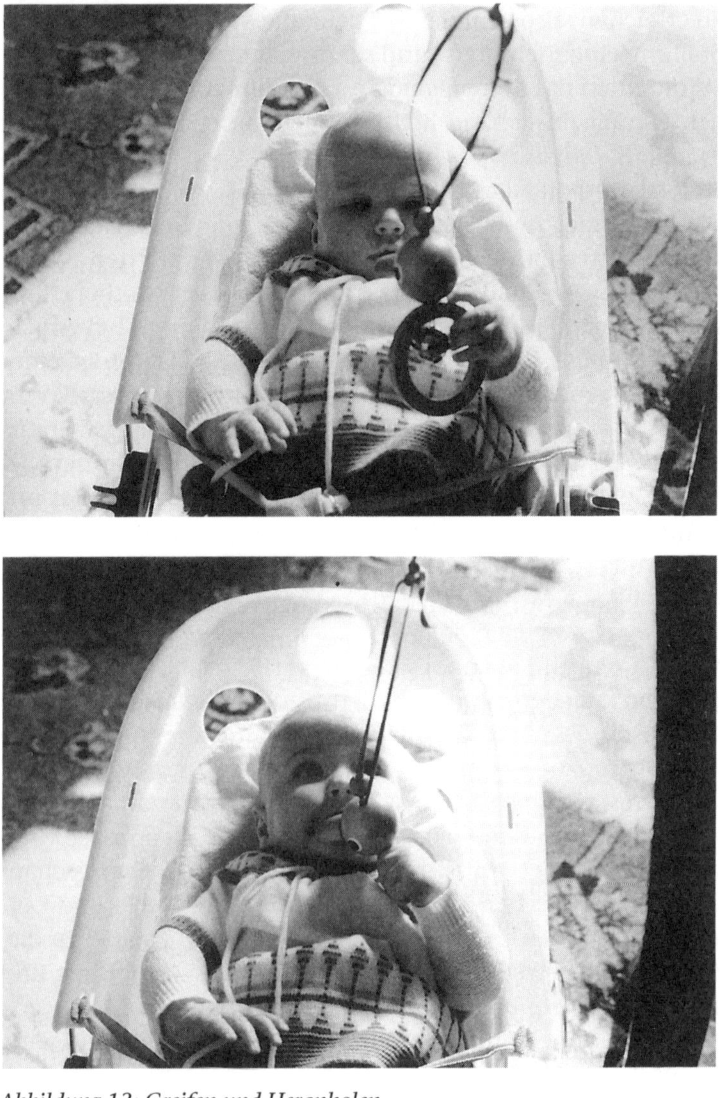

*Abbildung 13: Greifen und Heranholen.*

Sieht der Säugling jetzt den Gegenstand am Bettrand, so weiß das Gehirn: So groß ist die Entfernung, die Muskelstellungen von Hand und Arm müssen so und so sein, um ihn zu erreichen, also geht der Befehl an die Muskelgruppen, diese Stellung einzunehmen – und schon hat das Kind zugegriffen. Wir können das Ergebnis und nicht mehr die Versuche beobachten. Für unser Kind heißt das: ich kann den Gegenstand ergreifen – ein großer Schritt!

Jetzt wird die neue Fähigkeit wieder und wieder geübt.

Die Kinder nehmen bald gerne fremde Gegenstände in unbekannter Entfernung entgegen und erreichen sie in kurzer Zeit gezielt. Es ist sinnvoll, neben seitlich festgebundenen Spielsachen, die nicht aus dem Blickwinkel verschwinden können, auch bewegliches Spielzeug anzubieten. Das wird sogleich in Richtung Mund geführt. Wenn es neu ist, wird es zunächst – wie früher die Faust – aufs Auge gelegt. Sind nach einiger Zeit seine Dimensionen bekannt, gelingt der Weg zum Mund direkt. Dort wird es mit Lippen, Zunge und Zähnen auf seine Beschaffenheit hin untersucht und im Wechsel angesehen. So erfährt das Kind etwas über Geschmack, Größe, Oberfläche und Farbe des Spielzeugs. Zugleich sammelt es Erfahrungen über sein eigenes Dazutun, wenn es damit spielt. Nach einer Phase häufiger Wiederholung werden andere Eigenschaften des Gegenstandes zum Beispiel durch Schütteln und Gegen-eine-Begrenzung-Schlagen abgefragt.

Ehe es die Spielsachen wie beschrieben handhabt, beobachten wir, wie es in Rückenlage beide Händchen in der Mitte zusammenbringt, als würde es «Händeringen». Dann schaut es sie im Wechsel an, führt sie zum Mund und leckt und kaut daran, wie es auch mit Spielsachen geschieht. Parallel zu diesen Verhaltensweisen werden immer wieder Kopf, Brust und Bauch betastet, bis es genügend Informationen über sich selbst gesammelt und ans Gehirn weitergegeben hat und seine Vorderseite und seine Hände gut kennt. Dann ist beidhändiges Spielen in der Körpermitte möglich.

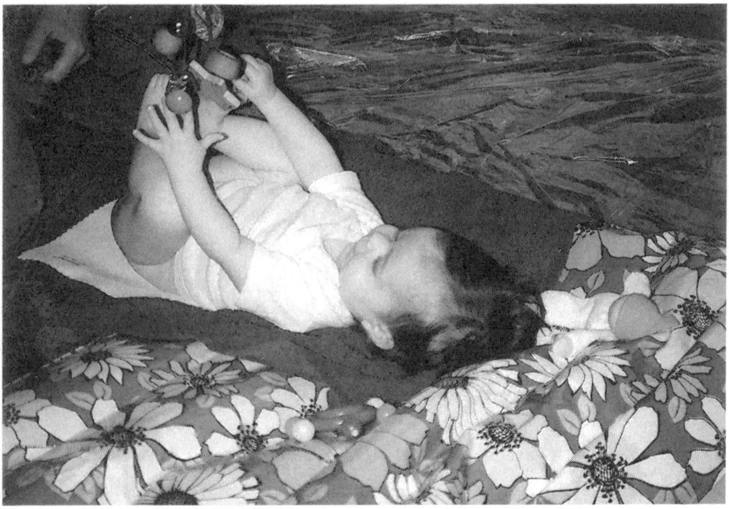

*Abbildung 14: Greifen im zweiten Lebenshalbjahr. Das Spielzeug (eine Fühlkette) wird mit allen Körperteilen erkundet.*

Es gilt im allgemeinen als Regel, daß diejenige Körperfläche, die als nächstes aktiv in einer neuen Position gefordert wird, zuvor intensiv mit den eigenen Sinnen erkundet worden sein muß.

Das Erkunden von Gegenständen mit allen Sinnen begleitet das kindliche Verhalten über lange Zeit: Sequenzen von Heranholen, in den Mund nehmen und wieder heraus wechseln ab mit Anschauen, Schütteln, Riechen und wieder in den Mund tun. ... Meistens plappern die Kleinen dabei und formen erste Laute.

Mit einem strahlenden Lächeln werden wir begrüßt, wenn wir uns in ein solches Spiel einschalten, denn nun kommt das Geben-Nehmen-Spiel mit dazu, meist begleitet von Juchzern und anderen Lauten.

Für die Mutter endet die Zeit intensivster Pflege und sofortiger Bedürfnisbefriedigung ihres Kindes, es lernt zu warten und beschäftigt sich für wenige Minuten schon selbst, – sofern wir ihm dies zutrauen und zumuten, auch wenn es zunächst dagegen protestiert. Die Rufe der Mutter sind als ein Zeichen baldigen Kommens und als Beruhigung bekannt. Und selbst wenn es mal weint, wenn ihm die Rückkehr zu lange dauert, beruhigt es sich schnell. Kinder üben in dieser Zeit Frustrationstoleranz. Endlich wird für die Mutter das ungestörte Duschen möglich, zu dem sie sich anfangs nicht entschließen konnte, wenn ihr Kind nicht schlief. Die Alltagstätigkeiten verlaufen immer ungestörter oder im Beisein des Kindes, wenn es zum Beispiel auf einer Spieldecke oder einem Fell auf dem Boden daneben liegt.

Hat das Baby ausreichend Gelegenheit zur Bewegung, was besonders mit nacktem Po im warmen Zimmer der Fall ist, so wird bald zu beobachten sein, wie es in Rückenlage die Beine an den Körper zieht und die Knie, später die Unterschenkel und dann die Füße anfaßt. Dies geht dem Entwicklungsschritt Umdrehen vom Rücken auf den Bauch voraus, der ersten bahnbrechenden Eroberung des dreidimensionalen Raumes. Voraussetzung ist, daß das Baby in Bauchlage den Kopf heben kann. Das zeigt die neue Kraft des langen Rückenmuskels an, der auch beim Umdrehen aus der Rückenlage nötig ist.

Einige Kinder haben sich zuvor schon – anfangs zufällig – aus der Bauchlage auf den Rücken gerollt, das aktive vom Rücken-auf-den-Bauch-Drehen wird erst jetzt geübt, nachdem

*Abbildung 15: Umdrehen. Das Umdrehen wird durch Gewichtsverlagerung auf die Seite eingeleitet.*

der Bauch, Knie und Beine ertastet worden sind. Die Mutter oder der Vater kann auf dem Wickeltisch das Kind beim Umdrehen in dem Maße beteiligen, wie es dazu in der Lage ist. Vom Bauch auf den Rücken geschieht das, sowie das Kind erfahren hat, daß der Kopf den Körper mitzieht, wenn er seitlich nach hinten gehalten wird. Aus der Rückenlage in die Bauchlage zu kommen, braucht die elterliche Unterstützung so lange, bis die Rückenmuskulatur stark genug ist. Die Beteiligung des Kindes beim Umdrehen kann aber ab Geburt beginnen und sich abhängig vom Entwicklungsstand ändern (siehe Anregung für Eltern: Beim Umdrehen beteiligen, Seite 57). Sie bedeutet für das Kind: «Wir trauen dir etwas zu» und fördert seine Selbständigkeit.

Wie bei allem neuen Können wird ein Baby sich ganz oft nun auf den Bauch drehen. Selbst Kinder, die die Bauchlage zuvor nicht mochten, üben den Entwicklungsschritt wiederholt. Eltern erzählen, daß nach solchen Übungsphasen die Bewegung auch überhaupt nicht mehr gezeigt wird. Es scheint hierbei eine Sättigung an Erfahrung zu geben, nach der die Bewegung sicher «sitzt» und jederzeit wieder gemacht werden kann. Vom Autofahrenlernen kennen wir ja auch diese «Automatisierung» von Bewegungsmustern.

Nach der Phase des Umdrehens wenden sich viele Kinder der Vervollkommnung der Feinmotorik zu und der sozialen Interaktion – sofern diese nicht sowieso bereits im Vordergrund gestanden hat –, und die grobmotorische Entwicklung tritt in den Hintergrund.

## Interaktion – das Miteinander

Die ersten Interaktionmuster, die zeigen, daß zwei etwas miteinander zu tun haben, kennen Sie bereits: Der Blickkontakt und der Augengruß, das Hochziehen der Augenbrauen eines Partners, das der reaktionsbereite Partner sofort mit derselben Handlung beantwortet, eine biologisch ursprüngliche Art des Grußes und der Verständigung. Sollte der Partner nicht entsprechend reagieren, hört die Interaktion hier bereits auf. Klappt dieser Gruß, dann folgt meistens ein Lächeln, Lachen und dann Laute, bei uns Erwachsenen die Sprache.

In den gut funktionierenden Interaktionen entwickelt das Kind Spielvermögen, erlernt soziale Kompetenz, erfährt Bestätigung oder Kritik, bekommt Zuwendung. Dadurch, daß der Kontakt zu einer anderen Person hergestellt ist, fühlt es sich sicher. Es erlernt vom Interaktionspartner, auf dessen Befindlichkeit zu achten, seine sozialen Signale und Gefühle wahrzunehmen. Währenddessen erprobt es seine Geschicklichkeit und seine eigenen sozialen Fähigkeiten. Ältere Säuglinge benutzen immer mehr ihre Arme und Beine im Kontakt mit Betreuungspersonen, fassen den Eltern und Geschwistern in Mund und Gesicht, ziehen an den Haaren. Sie lernen die Mutter oder den Vater so immer mehr kennen, wissen bald, was ihr oder ihm gefällt, was nicht und was verboten wird. Dasselbe geschieht mit den Eltern bezüglich ihres Kindes.

*Abbildung 16: Interaktion zwischen Schwester und Bruder. Der Mund der Schwester wird erkundet und mit dem eigenen verglichen.*

Schaut das Kind den Eltern entgegen oder hinterher, so hat es meistens die Fähigkeit zum einfachen Guck-da-Spielen. Zunächst wird dabei der Augenkontakt z. B. durch einen Pfosten oder die Hand des Erwachsenen o. ä. unterbrochen. Das Baby wird versuchen, den Blickkontakt wieder aufzunehmen und den Kopf deshalb nach oben oder unten beziehungsweise rechts oder links recken und dann strahlen, wenn Papa oder Mama wieder sichtbar sind. Noch leichter ist das möglich, wenn es aufrecht gehalten wird oder auf dem Bauch liegt.

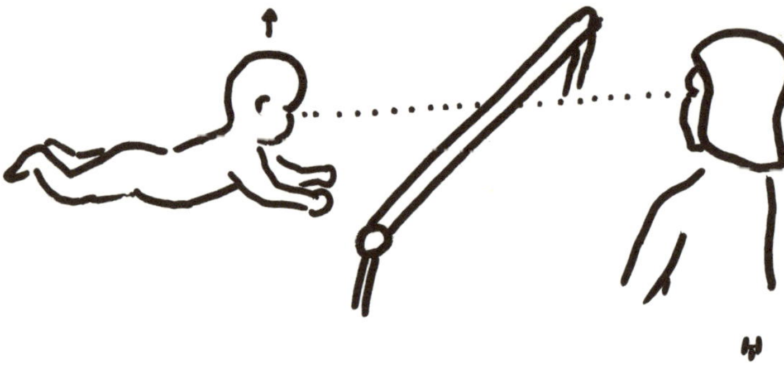

*Abbildung 17: Guck-da-Spiel. Die Bewegung der Bezugsperson aus dem Blickkontakt heraus bewirkt, daß das Kind sich reckt, um den Blickkontakt neu herzustellen.*

Natürlich vereinfacht die selbständige aufrechte Körperhaltung des Kindes das Spiel sehr. Aber es vergehen noch viele Wochen oder Monate, bis dies ohne fremde Hilfe klappt.

Wenn wir unserem Kind genau zusehen, dann können wir mit etwas Phantasie selber Spiele erfinden, die das Baby auch schon kann. Alles, was wir brauchen, ist Zeit und Muße, sich zurücklehnen zu können, sowie Gelassenheit und Zutrauen in die kindlichen Fähigkeiten, denn oft springen wir allzuschnell hinzu und «retten» das Baby (siehe Anregung für Eltern: Guck-da-Spiel).

Für Mütter, die oft nur auf Versorgung des Kindes ausgerichtet sind, ist es entspannend und bereichernd, sich regelmäßig Zeit zu nehmen, sich zum Beispiel mit auf den Boden zu legen, sich auf das Kind und seine Aktivitätszeiten ganz einzulassen und dessen Spielangebote aufzugreifen. Allzuleicht entwickelt sich sonst die elterliche Arbeitsteilung: Mutter pflegt, Vater spielt mit dem Nachwuchs. Eine Mutter-/Vater-Kind-Spielgruppe bietet über die eigenen Phantasien hinaus Anregung – manchmal allerdings auch zuviel davon.

Frauen bevorzugen mit ihren Säuglingen meistens soziale Interaktionen als Spiel, erzählen viel und bieten Fingerspiele, Körper-Kontakt-Spiele, Lieder und ähnliches an, während der Vater und das Baby mit Tobespielen beginnen. Er gibt Anregungen zu größeren Bewegungen, schaukelt sein Kind, wirft es vielleicht sachte hoch, was es mit lautem Quietschen begleitet. Hoppereiter und ähnliches ist sehr beliebt. In all den tradierten Spielen und Bewegungen sind Angebote zur sozialen und motorischen sowie zur sprachlichen Entwicklung enthalten. Die Mutter regt (häufig) eher die Feinmotorik, der Vater eher den Lagesinn (Orientierung im Raum) und die Grobmotorik an. Der Umgang mit Risiko ist im Spiel mit dem Vater (meistens) größer.

Die Kleinen machen schon früh mit Mimik und Gestik, gepaart mit Lauten, ihren Eltern klar, was sie meinen. Diese lernen sehr schnell. Weltweit heißt Schmatzen und als Laut «mamam» Essen oder Mutter – was nicht verwundert, da die Mutter ja von Beginn an für beides zuständig ist, auch wenn Stillen nicht die Hauptnahrung darstellen sollte. Längst vor dem «Da» sehen wir den gestreckten Finger auf Gegenstände deuten, die verlangt werden.

Anregung für Eltern: **Guck-Da-Spiel.**

Vielleicht haben Sie es schon zufällig entdeckt: Ihr Kind verliert den Blickkontakt zu Ihnen und reckt sich, um ihn wiederaufzunehmen. Dies ist die rechte Zeit, um die variationsreichen Guck-da Spiele zu spielen. Im frühen Alter genügt eine Stuhllehne oder ein anderer schmaler Gegenstand, um das Spiel anzuregen. Hilfreich ist es, wenn Ihr Kind auf dem Bauch liegt und den Kopf gut recken kann. Wenn Sie von weitem mit ihm schäkern, so wird es sich freuen. Verstecken Sie nun Ihre Augen hinter der Lehne (oder einfach nur hinter Ihrer eigenen Hand) und rufen Ihr Baby: «Guck», so kann es durch ein kleines Sich-Hochrecken Ihren Blick wieder erhaschen. Ihr begeistertes «Da» wird zum Anreiz für viele weitere Spielfolgen (Belohnungen) dieser Art. Klappt dies nicht gleich, so können Sie selbst mit dem «Da» wieder in Blickkontakt gehen. Ihr Kind wird das Spiel bald lernen.

Über das vielfach wiederholte Geben-Nehmen-Spiel prüft das Kind das Miteinander und seinen Einfluß auf die Eltern, während es beim fortdauernden Runterwerfen-Aufheben nicht nur etwas über die elterliche Geduld, sondern auch über die Beschaffenheit des Spielzeugs, Gesetzmäßigkeiten seines Handelns, sowie durch begleitende Worte der Eltern verbale Zuordnungen (Benennen) lernt.

Viele dieser Spielsituationen entstehen spontan während des Wickelns und Anziehens. Mit etwas Geduld erleben Eltern beim Ärmel-Anziehen, wie das Kind mithilft und selbst den Arm hindurchstreckt (Guck-da: die Hand). Es braucht nur von Anfang an die Gelegenheit dazu und die Erfahrung, daß das Arm-Strecken dazu führt, die Hand wiederzufinden und die Mutter dann begeistert zu erleben. Besondere Zuwendung fördert die Lernbereitschaft und -fähigkeit.

## Ernährung

Die Nahrungsaufnahme selbst zu gestalten, macht kleine Kinder ungeheuer stolz. Wir können davon ausgehen, daß der Schritt vom Stillkind zum selbst essenden Kind sehr wichtig für die Entwicklung der Selbständigkeit ist (Öko-Test, 1998).

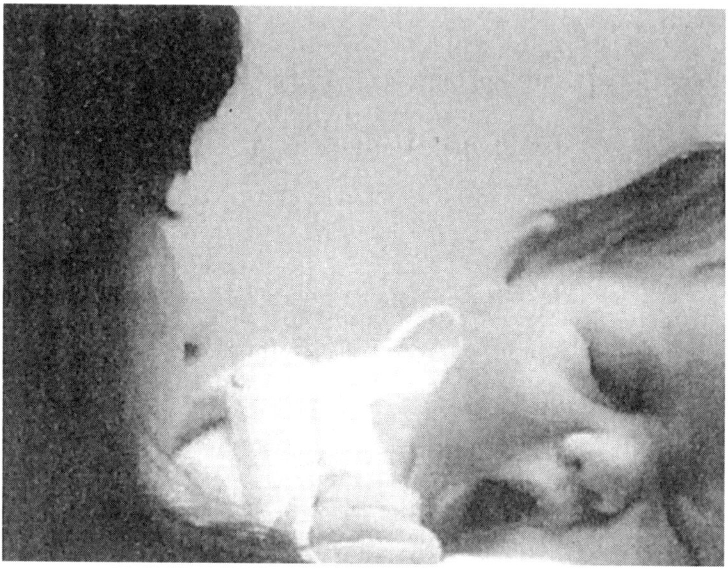

*Abbildung 18: Das Brust-Such-Gesicht.*

Wenn man abwartet, so bestimmen Babies den Stillzeitpunkt und damit den Abstand zwischen zwei Mahlzeiten selbst ( self-demand-feeding ), indem sie nicht mehr den beschriebenen Brust-Such-Reflex des Anfangs zeigen, sondern differenziert ihren Hunger ankündigen. Die «Hungertöne», die Kinder weltweit äußern, werden meist intuitiv verstanden, noch ehe das Kind schreit. Allgemeine Bewegungsunruhe ergänzt sie. Nimmt der Vater sein hungriges Kind heraus, so beruhigt es sich, beginnt aber beim Anblick der Mutter mit erneuter Unruhe, bis es bei ihr ist. Der Kopf wendet sich der Brust von selbst zu und sucht die Warze, oder es beginnt, wenn es älter ist, mit den Händen die Brust der Mutter «auszupacken», wenn es die Brustwarze nicht gleich erreichen kann. Hat es die Warze im Mund, saugt es heftig, bis der Milchflußreflex erfolgt, und trinkt dann kontinuierlich. Wenn es satt ist, läßt es die Brustwarze aus dem Mund gleiten und wendet den Kopf ab. Eine Stillmahlzeit dauert etwa fünf bis zehn Minuten, das Nuckeln danach ist Genuß.

Eltern müssen, auch wenn sie vieles intuitiv verstehen, noch dazulernen, auf welche Weise ihr Kind ihnen welche Bedürfnisse mitteilt, um diese unterscheiden zu können.

Eine wiederkehrende Erfahrung von ihnen ist, daß das Baby sofort still wird, wenn es die Brustwarze im Mund verspürt. Das Saugen daran wirkt beruhigend – ebenso das am Schnuller. Die Erfahrung, daß der schreiende Säugling still wird, wenn die Brustwarze im Mund steckt, verführt Mütter dazu, auf diese Weise das Weinen abstellen zu wollen, das sie so schwer aushalten. Ob andere Bedürfnisse dahinterstecken, prüfen sie vielleicht gar nicht mehr. Das Kind wird unter Umständen mit Nahrung versorgt, wenn es Schmerzen hat, getröstet werden will oder einfach dabeisein. Statt der angemessenen Befriedigung seines Bedürfnisses lernt es, das Bedürfnis mit Essen zu stillen: Das heißt z. B. statt «Auf-den-Arm-Nehmen» hilft «Etwas-in-den-Mund-Stopfen». Es beruhigt sich dadurch, denn es erfährt von der Mutter, daß sie nun mit ihm zufrieden ist. Außerdem werden ja seine Bedürfnisse nach Aufmerksamkeit, Zuwendung und Körperkontakt trotzdem zufriedengestellt. Bei wiederholten Erlebnissen dieser Art können Fehlverknüpfungen im Gehirn, die Bedürfnis befriedigung betreffend, eine mögliche Folge sein (siehe Kap. 3).

Es ist aber auch wirklich sehr schwer für Erwachsene, herauszufinden, ob das Baby tatsächlich Hunger hat, wenn sie noch unsicher mit ihrem Kind sind. Da probieren sie oft solange, bis irgendetwas nützt. Haben sie öfter Erfolg damit, lernen auch sie es als Mittel der Wahl kennen. Kriterien, ob Gestillt-Werden das Bedürfnis ist, sind die beschriebenen Verhaltensweisen des Kindes, die es am Beginn des Nahrungsbedürfnisses zeigt, sowie der Zeitabstand zur vorherigen Mahlzeit. Der sollte im Mittel ca. eineinhalb bis zwei Stunden nicht unterschreiten, da sonst die unverdaute Nahrung mit der angedauten im Magen zu Bauchweh führt. Ein Teufelskreis kann in Gang kommen: Baby schreit, Stillen beruhigt vorübergehend, Bauchschmerzen führen zu vermehrtem Schreien... Zusätzlich verringert sich die Menge an Muttermilch wegen des Stresses. Bei wenig Milch hat das Baby mehr Hunger... Schließlich ist völlig unklar, was nun wirklich los ist. Dann hilft nur eine gute Beratung von einer außenstehenden Person mit Stillerfahrung (siehe Kap. 3, 5 und Anhang).

Falls die Frau noch die Ruhe dazu hat, nach den Hungerzeichen des Kindes zu schauen, könnte sie sich und dem Kind selber helfen. Das scheint aber nur am Anfang des Problems möglich zu sein; die Beunruhigung, die durch das kindliche Weinen entsteht, verhindert ein folgerichtiges Vorgehen des Erwachsenen oft.

Die Fläschchengabe wird als einfacher eingeschätzt, aber die Verlockung zum Ruhigstellen des Kindes mit Hilfe von Nahrung besteht genauso.

Obwohl die Anreicherung von giftigen Substanzen in der Muttermilch ein ernstzunehmendes Problem darstellt, (das Gesundheitsamt kann Ihnen eine zentrale Stelle für Muttermilchuntersuchungen nennen, die ca. im 4. Monat gemacht werden können) ist es doch meine persönliche Überzeugung, daß sie immer noch die beste Säuglingsnahrung und durch keine vorgefertigte Nahrung zu ersetzen ist (siehe Kap. 5). Dennoch gibt es Gründe, das Fläschchen zu geben – bspw. weil so der Vater das Kind auch mal ernähren kann. Ob es sich um Brust- oder Flaschenernährung handelt, werde ich im folgenden nicht unterscheiden.

Mutter und Kind erkennen sich nach wenigen Stunden am Geruch und der Stimme unverwechselbar. Das Kind findet im Dunkeln von selbst die Mutterbrust und unterscheidet sie von einer fremden. Wenn nicht bestimmte Gründe dagegensprechen, bietet es sich an, daß nach dem ersten nächtlichen Anlegen Mutter und Kind während der restlichen Nacht für die Dauer der Stillzeit in einem Bett schlafen. Es scheint, als sei dies eine gute Grundlage, um Selbständigkeit bei der Nahrungsaufnahme zu entwickeln. Aber es ist auch ein besonders heikler weil – wie geschildert – sehr leicht fehlerbehafteter Punkt. Jede Familie muß es ausprobieren, ob sie es so will.

Sicher ist es gut, wenn die stillende Mutter nachts ein bißchen mehr Ruhe dadurch hat, daß das Baby zumindest selber das Ende des Stillens bestimmt und die Brust einfach losläßt und schläft. Dadurch kann die Mutter schon zuvor eindösen, da es ja nichts weiter zu tun gibt. Interessanterweise hat in dieser Situation das fehlende «Bäuerchen» keine Folgen, es kommt bei Bedarf auch ohne die mütterliche Hilfe. Manchmal wird es als Problem beschrieben, daß das Kind eventuell zu früh wieder einschläft und dann, weil es noch nicht satt war, sehr bald wieder gestillt werden möchte. Im Einzelfall muß man das prüfen.

Häufig wird die Frage nach Zufüttern und Nahrungsumstellung gestellt.

Zunächst dient ausschließlich die Muttermilch als Nahrungsquelle – auf Dauer, wenn nötig, ersetzbar durch volladaptierte (nicht altersangepaßte), nach Bedarf zu fütternde Kunstmilch beziehungsweise hypoallergene Nahrung. Muttermilch schützt vor Allergien, enthält ein alterspassendes Angebot der Zusammensetzung der Inhaltsstoffe und macht im allgemeinen nicht dick. (Zuwenig Bewegungsmöglichkeit und zu häufiges Nahrungsangebot für das Kind sowie zu gute Ernährung der Mutter bilden Ausnahmen.) Außerdem ist sie nachgewiesenermaßen keimtötend sowohl innerlich als auch auf der Haut – besser als jede Pflegecreme. So kann sie auch bei kleinen Wunden oder wundem Po (äußerlich) als erstes Heilungsmittel genutzt werden.

Stillen festigt die Beziehung zur Hauptbezugsperson, schafft das Gefühl von Nähe und Geborgenheit, bietet Körperkontakt und Zuwendung, d. h., es befriedigt die Grundbedürfnisse des kleinen Menschen. Sollte das Stillen nicht oder nur kurze Zeit klappen, dann ist eine intensive Kontaktpflege dennoch möglich, indem das Halten, die Fütterungsabstände und andere Handlungen aus dem Stillzusammenhang beibehalten werden.

Für den Vater ist es oft eine Bereicherung, wenn die intensive Stillbeziehung endet, da er sich vorher vielleicht «ausgesperrt» vorgekommen ist. Die Ernährung mit der Flasche kann dann vom Vater übernommen werden. Somit festigt sich auch zwischen ihm und seinem Kind die Beziehung.

Eines Tages werden die Eltern beobachten können, wenn das Kind beim Essen der Erwachsenen dabei ist, wie es jeden Bissen in den Mund hinein verfolgt. Es ist die Zeit, in der auch Gegenstände gezielt in den Mund wandern. Jetzt bietet es sich an, das Kind mit dem Geschmack und der Beschaffenheit von anderer Nahrung vertraut zu machen. Muttermilch bleibt weiterhin die Hauptnahrung, aber Mund und Magen gewöhnen sich über die Aufnahme von sehr kleinen Mengen anderen Essens langsam an Neues. Die Probierhäppchen sollten möglichst weich und salzarm sein, damit sie keinen Schaden durch Verschlucken anrichten und den Geschmack nicht einseitig prägen. Kinder bevorzugen auch beim Essen bekannte Geschmacksrichtungen, das machen sich Babynahrungsfirmen zunutze, indem sie all ihrer Nahrung einen spezifischen Geschmack geben, der sich von dem einer anderen Firma unterscheidet. Viele Volksgruppen kauen ihre Nahrung den Kindern vor, da der Speichel als Verdaungssaft die Bekömmlichkeit neuer Speisen fördert.

Die Art der Beikost (Daas und Ludwig, 1994) ist von dem abhängig, was Sie als Eltern selbst bevorzugen. Das Kind nimmt alles, was wir essen. Allerdings gibt es Unverträglichkeiten von Getreideprodukten und Glutenallergie, so daß Vollwertnahrung erst für ein älteres Kind sinnvoll ist. Die Frage nach Selber-Kochen oder Gläschen habe ich für mich so gelöst, daß ich nach meinen Möglichkeiten selbstbereitetes biologisch angebautes Gemüse zufütterte, aber bei Bedarf auch Gläschen – von verschiedenen Herstellerfirmen – gab. Im allgemeinen gilt: Sind Allergien in den Familien bekannt, sollte die Muttermilch im ersten bis zweiten Lebensjahr die einzige Milchquelle sein und die Mutter sich angepaßt ernähren (Brückner, 1996). Das Zufüttern beginnt, sowie das Kind neugierig darauf ist. Die Nahrungsmittel dürfen nicht allergen (Allergien auslösend) sein. Eiweiß, besonders tierisches, sollte möglichst frühestens nach dieser Zeit, auf jeden Fall nicht vor Beginn des zweiten Lebensjahres gereicht werden, denn die Kinder bekommen über die Milch genug Eiweiß.

Da das Kind erst dann selber sitzen kann, wenn es auch Umdrehen, Bauchwippen, Robben und Krabbeln kann ( siehe Aufrichtung ), ist ein Hochstuhl am Tisch nicht nur praktisch zum Füttern, sondern für das Kind eine wohlige Erfahrung von aufrechter Position. Das Kind lernt sehr schnell, diese von den Eltern wieder einzufordern. Das allerdings schafft Abhängigkeiten zwischen Kind und Erwachsenen, die das Schimpfen ihres Nachkömmlings schlecht aushalten können, wenn ihm dieser Wunsch versagt bleibt. Vorübergehend im Stuhl und auf dem Schoß sitzend ist es dennoch für die Kinder eine wichtige Erfahrung, selber etwas Essen zu nehmen und in den Mund zu stecken. Sie genießen dieses Zeichen von Großwerden genauso wie die Eltern.

### Schlafen

Was beim Stillen nachts hilfreich ist, dient auch der Nachtruhe der Familie. Die meisten Säuglinge müssen einen Tag-Nacht-Rhythmus lernen. Gleichzeitig passen sie sich an die Familiengepflogenheiten an.

In der Natur ist es nachts dunkel und sehr still. Übertragen auf unsere Situation heißt das: Dunkelheit und Ruhe bedeuten Schlafen-Können. Je langweiliger, ruhiger und dunkler alles ist, desto leichter kann ein Kind sich dem Schlaf anvertrauen (Rabenschlag, 1998). Zum Schlafen muß man aber auch bereit und fähig sein, die «Tagesgeschäfte» loslassen zu wollen und zu können. Nur auf diese Weise kann ein Erwachsener wie ein Kind dann entspannen und angstfrei einschlummern. Manche Kinder lieben deshalb die völlige Dunkelheit nicht. Ein Steckdosenlicht genügt oft bereits. Der Platz, an dem das Kind schläft, sollte möglichst vertraut sein – also immer derselbe – und nur zum Schlafen dienen. Gleichbleibende Rituale wie Singen, Streicheln unterstützen die Beruhigung und das Einschlafen durch ihre Vertrautheit, die Sicherheit bedeutet.

Zu Beginn schlafen die Babies ja meistens beim abendlichen Stillen ein. Stillen, Herumtragen oder Essen taugen aber nicht als Einschlafritual. Etwas anderes, zum Beispiel ein Lied kann dem Stillen folgen und zum Ritual werden. Die Fähigkeit, danach selber einzuschlafen, müssen wir unseren Kindern zutrauen. Wie viele Eltern habe auch ich meinem ersten Kind bei nachträglichem Überprüfen der Situation unbewußt signalisiert: «Wenn Du weinst, hole ich Dich wieder.» So hat es dann oft geweint, anstatt zu schlafen, und wir haben uns mit ihm beschäftigt, (siehe Kap. 3 Erlaubnisse und Grenzen). Wir Mütter (selten die Väter, denen scheint das leichter zu gelingen) müssen unsere Kinder loslassen, ebenso wie Kinder das Wachsein loslassen müssen, damit sie einschlafen können. Und wir müssen bereit sein, unsere Einflußnahme auf die Kinder zu diesem Zeitpunkt auszusetzen. Auf lange Sicht bewährt es sich, wenn Mutter und Vater sich mit dem Ins-Bett-Bringen schon in den ersten Monaten abwechseln, so daß langsam auch Unabhängigkeit der Eltern vom Kind entsteht und es Mutter oder Vater möglich wird, abends fortzugehen. Frühzeitig eine Oma oder einen Babysitter einzubeziehen, gibt beiden Eltern Freiheiten.

Wenn das Einschlafen – und schließlich auch das Durchschlafen – dann tatsächlich selbst gelingt, ist es ein großer Schritt für alle in der Familie. Unser eigenes Schlafbedürfnis sollten wir auch nicht außer acht lassen. Wenn wir lieber allein im Zimmer schlafen, weil wir das zum Beispiel als Rückzug brauchen, werden wir unserem Kind dasselbe bieten wollen. Liegen wir aber lieber als Eltern im gemeinsamen Bett, warum sollte das Kind unseren Wunsch nicht teilen und auch bei uns schlafen mögen?

*Abbildung 19: Im Kontakt schläft man gut.*

Viele Stimmen behaupten, das Kind würde im Elternbett verwöhnt, man müsse es von Anfang an in ein eigenes legen. Es gibt kaum Volksgruppen, die ihre Kinder allein schlafen lassen. Irgendein Familienmitglied liegt mit im Raum – meist in demselben Bett. Das gilt für Jahre. Kinder, die nicht mit anderen im Bett schlafen, wie in unserem Kulturkreis üblich, haben Schmusetiere oder Schmusedecken, was bei jenen Volksstämmen nicht bekannt ist. Sie haben oft nicht einmal ein Wort dafür.

Biologisch betrachtet ersetzt das Kuscheltier o. ä. die Sicherheit bietende erwachsene Person und hilft dem Baby, angstfrei ein- und weiterzuschlafen. Ein fester Schlafplatz dient ebenfalls dem Gefühl der Sicherheit. Ältere Kinder können auch den Schlafort vom Spielort unterscheiden lernen. Wenn beides im Bett stattfindet, fällt die Unterscheidung schwer, so daß es sich bewährt, das Bett nur noch zum Schlafen zu benutzen.

Meiner Erfahrung nach ist es für diejenigen Mütter, die viel Körperkontakt zu ihrem Kind haben mögen, entlastend und schlaffördernd, das Kind entweder im Bettchen dicht daneben oder im gemeinsamen Bett zu dulden. Allerdings ist es wichtig, mit dem Partner zusammen genügend Ideen zu entwikkeln, auch immer mal wieder miteinander alleinsein zu können. Die Wünsche der Mutter heißen eher Zärtlichkeit, während die sexuellen Bedürfnisse des Mannes wie zuvor bestehen. Beide können mit Phantasie ihre Bedürfnisse nach Zärtlichkeit und Lust neu gestalten lernen.

Durchschlaffördernd für Eltern und Kinder erweist es sich zudem, das Baby abends in eine besonders saugfähige Windel zu wickeln, damit kein Windelwechsel in der Nacht zum Erwachen führt. Jede Aktivität ist nachts zu vermeiden. Solange das Kind zufrieden ist, ist kein Wickeln nötig. Da die stilllenden Mütter ohnehin nachts öfter aufwachen, ist es für sie entlastend, dabei nicht durch das Wickeln stärker wach zu werden, sondern möglichst bald wieder einzuschlafen, auch wenn das Baby noch nicht ganz zu Ende genuckelt hat. Es läßt dann von selbst los und schläft. Ich bin immer gut mit der Überzeugung klargekommen, daß es auch bei uns Menschen Stimmungsübertragung gibt – auch was das Müdesein betrifft. Gab ich mir die Erlaubnis, weiterzuschlafen, so schliefen auch meine Kinder bald. Allerdings gehen in diesem Punkt die Meinungen auseinander. Wichtig sind in jedem Fall klare, gleichbleibende Strukturen des Einschlaf-Schlafrituals und der Nachtschlafgestaltung. Experimente sollten nur sehr vorübergehend stattfinden. Ebenso wichtig ist, daß das, was wir von dem Kind möchten, für uns selbst eindeutig ist, und nicht andere Meldungen mitschwingen. Wir müssen innerlich selbst davon überzeugt sein, daß wir das Kind ins Bett bringen wollen, und gleichzeitig dem Kind zutrauen: Du kannst das.

Die Angst, man könnte sich auf den mit im Bett schlafenden Säugling legen, ist für die meisten Mütter unbegründet. Stillende Frauen haben einen sehr leichten Schlaf, so daß sie beim geringsten Geräusch oder bei einem fremdem Gefühl aufwachen. Umso mehr ist darauf zu achten, soviel wie möglich Ruhe und Schlaf zu bekommen.

Wenn das Kind angemessen, das heißt bei wirklichem Bedarf gestillt wird, ist das für die Kinder kein Durchschlafhindernis. Hat das Kind bereits durchgeschlafen, so zeigt dies, daß das Aufwachen nicht am fehlenden Durchschlafen-Können liegt. Somit sind andere Weiterschlafhilfen dem Stillen vorzuziehen. Die Gabe eines Fläschchens ist jedoch bei zunehmendem Alter des Kindes dafür ungünstig und zudem schädigend für die Zähne. Die Kinder gewöhnen sich das Trinken als Beruhigung an und erwachen, um sich wieder und wieder so zu beruhigen oder weil die Windel doch zu voll ist von so viel Flüssigkeit. Nuckeln am Finger oder Schaukeln der Wiege duch die Eltern leisten ähnliche Dienste, indem sie über den gleichmäßigen Rhythmus beruhigen.

Man kann davon ausgehen, daß ein Kind, das nachts nicht gestört wird, in der Regel zunächst eine Stillmahlzeit, dann weitere ausläßt und schließlich durchschläft. Hat es das einmal gekonnt, so hat es – im Gegensatz zum Neugeborenen – weiterhin die Fähigkeit durchzuschlafen, auch wenn es beginnt, wieder wach zu werden. Das passiert bei vielen Kindern im zweiten Lebenshalbjahr, wenn sie sich versichern wollen, daß die Eltern da sind, um dann nächste Entwicklungsschritte zu tun (siehe Kap. 3).

## Aufrichtung

Die ersten Erfahrungen mit der aufrechten Körperhaltung des Menschen machen unsere Kinder beim Getragen-Werden auf dem Arm, im Tuch oder anderen Tragehilfen. Das Tragen regt die Entwicklung des Lagesinnes an, bietet dem Kind denselben Blickwinkel (siehe Abbildung: Tragetuch) wie ihn die Eltern haben, bietet Körperkontakt, verstärkt die Sicherheit, dazuzugehören und nicht allein zu sein und wirkt beziehungsfördernd. Dabei sind Vater und Mutter beteiligt. Oft tragen die Väter die Kinder auch, um ihre Partnerin zu entlasten und damit der Paarbeziehung zu dienen.

Wir haben damit ein biologisch ursprüngliches Verhalten (das Kind zu tragen) von vielen anderen Völkern wieder übernommen, das dort als einzige gemeinsame Fortbewegung dient, und das Zusammensein von Mutter und Kind sicherstellt. In unserem Kulturkreis gab es lange Zeit nur den Kinderwagen mit Verdeck. Auch wenn ich meine Kinder voller Überzeugung getragen habe, so möchte ich dennoch darauf hinweisen, daß ein Verdeck das Kind einhüllt und vom Lärm und der Hektik unseres Alltags abschirmt. Getragene Kinder sind nicht unbedingt wegen des Tragens ruhig. Sie schlafen möglicherweise so häufig ein, um dieser Unruhe zu entgehen. Wir tun auch uns einen Gefallen, unsere Kinder nicht immer und überall mitzunehmen. Viele Frauen überlasten damit ihren eigenen Rücken mit zuviel Tragen. Eine gutsitzende, altersgerechte Tragehilfe (Öko-Test, 1998 und Vogel, 1999) ist jedoch eine nützliche Anschaffung, die umso besser eingesetzt werden kann, wenn die Eltern sich ihre Benutzung zeigen lassen. Wie immer gilt es auch hier, genau zu schauen, was das Bedürfnis der Beteiligten ist. Oft ist ein Mittelweg gut. Das gilt nicht nur für das Tragen.

Wenn Sie sich zum häufigen Tragen entschließen sollten, unterstützt es die Entwicklung Ihres Kindes und entlastet Ihre Rückenmuskulatur, wenn Sie Ihre Trageseite wechseln. Einseitiges Tragen zum Beispiel im Tuch läßt das Kind meist in derselben Beugehaltung bleiben, so daß die Rückenmuskulatur sich unterschiedlich entwickelt. Tragehilfen, die dem Kind das Sitzen mit gespreizten Beinen bieten und die Eltern gleichmäßig belasten, sind zu bevorzugen (Kirkilionis, 1999). «Sitzt» der ältere Säugling darin mit dem Kopf in Gehrichtung, haben Eltern und Kind einen gemeinsamen Blick «auf die Dinge».

Kinder mögen diese aufrechte Haltung sehr – auch auf Mutters oder Vaters Arm. Das geben sie uns wiederholt zu verstehen, wenn wir sie hinlegen möchten. Darin sind sie

*Abbildung 20: Im Tragetuch. Das Tragetuch macht die Familie beweglich. Beim Tragen vor dem Bauch kann der Vater auf die Befindlichkeit des Kindes eingehen: Begrenzung an Po und Kopf beruhigt (siehe S. 31).*

dann einer ganz anderen Meinung als ihre Eltern. Ein erster Konflikt bahnt sich an. Und wer in der Familie bestimmt, was getan werden soll?

Der Weg aus der Rückenlage bis zum selbständigen Laufen dauert etwa die ersten zwölf bis achtzehn Monate (Pickler, 1988).

Wenn wir dem Kind dabei zuschauen und es den Entwicklungsweg selber gehen lassen, wird es nicht sitzen, ehe es sich nicht vom Rücken auf den Bauch gedreht hat und aus dieser Lage heraus sich auf dem Boden bewegen kann. Anzeichen, daß dies bald möglich sein wird, ist die «Bauchwippe». Das

Baby streckt Arme und Beine nach vorn und hinten aus, indem es seine Rückenmuskeln kräftig anspannt (s. Abb. 21). Wenn Meldungen über die Streckung im Gehirn abgespeichert sind, dann erst kann die Beugung zur Vorwärtsbewegung erfolgen. Zunächst stützt das Kind sich auf die Arme, so daß die ersten Versuche rückwärts geschehen und mit viel Unzufriedenheit einhergehen. Etwa gleichzeitig wird auch eine Wendung am Boden zu den Seiten hin möglich. Die Entwicklungsaufgabe in dieser Zeit lautet: Bewege dich vom Fleck. Die muß das Kind selbst lösen, wir können sie ihm nicht abnehmen, manche Frustration nicht ersparen. Wieder gilt es, geduldig zu begleiten, da zu sein, auch mal Mut zuzusprechen. Dann werden Eltern und Kind gemeinsam erleben, wie es zu robben beginnt, und immens stolz darauf sein. Vielleicht haben wir am Anfang, als die Füße immer rückwärts rutschten, unsere Hand zum Abstützen hingehalten, und auf einmal hat unser Kind herausgefunden, wie das Vorwärtsrobben geht! Es wird noch einige Zeit dauern, bis es sich auf Knien und Händen abstützen kann, besonders, wenn das Robben erfolgreich vorwärts führt.

Nun kann das Kind den Eltern folgen. Es muß auf einmal Mutter und Vater nicht mehr rufen, sondern es kann selbst kommen! Welch ein Schritt auf dem Weg zur Selbständigkeit! Die Eltern werden sich darauf erst einstellen müssen, daß sie nun getrost warten können, weil ihr Kind etwas Neues gelernt hat. Ohne daß wir ihm für das Kommen Zeit geben, kann das Kind die neue Fähigkeit nicht zeigen.

Die Strategien, die Kinder bei der Bewegung auf dem Boden entwickeln, sind vielfältig; die verschiedenen Arten dienen alle letztlich dazu, auf die Aufrichtung hinzuarbeiten. Dazu muß die Erkundung der Ebene vorausgehen, dann erst kann der Raum erfahren werden.

Werden dann die Knie unter den Bauch gezogen, der Po hoch in die Luft gereckt, schiebt sich bald die Brust über die Hände. Diese Haltung, den Viererstand, nutzen Kinder, um zu krabbeln oder sich selbständig über die Seite hinzusetzen.

*Abbildung 21: Aufrichtung. Die Vorübungen.*

Ganz deutlich sichtbar sind hier die Übungseinheiten für das Gleichgewicht in solch einer instabilen Position: Im Viererstand wird vor und zurück gewippt. So lernen die Kinder ihre zu der jeweiligen Körperhaltung passende Muskelaktivität kennen, die sie brauchen, um nicht umzufallen.

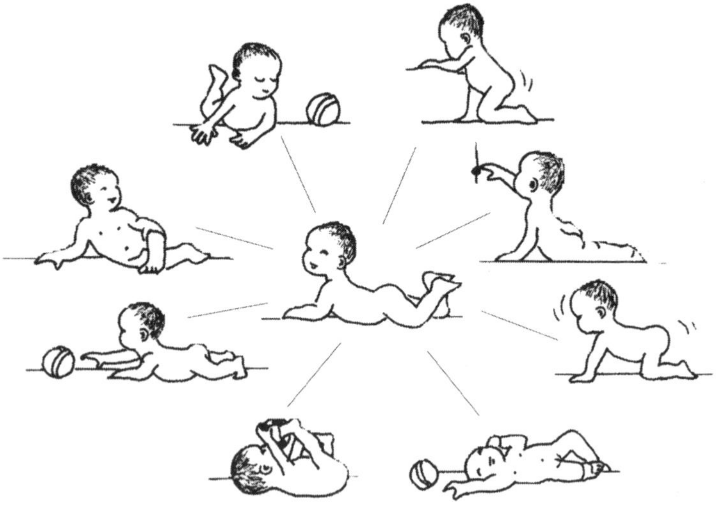

*Abbildung 22: Aufrichtung bis zum Stehen. Bei Beherrschung des Gleichgewichts sind nach und nach alle diese Bewegungen möglich.*

Wippen sie dabei seitlich, so kann es geschehen, daß sie auf ihrem Po landen. Auf diese Weise erfahren sie durch Gewichtsverlagerung das Sitzen. Der Erfolg bedeutet, daß nun auch die Hände frei werden und sich mit Spielzeug beschäftigen können. Aus der Ebene, der Horizontalen heraus hat das Kind somit den Raum erstmals vollständig für sich gewonnen. Vertikale Bewegungen mit Hilfe der Arme beim Abstützen gab es bereits vorher. Das Sitzen gelingt ihm jetzt unabhängig von der Hilfe durch die Eltern.

Aus der Rückenlage können sich nur sehr wenige Kinder setzen, da der Kopf vergleichsweise noch immer zu schwer ist und die vorderen Hals- und Bauchmuskeln dafür zu schwach sind.

Manche Kinder stehen oder laufen schon, bevor sie sitzen, wenn ihnen nicht ausreichend Gelegenheit zum Umdrehen, Robben und Krabbeln gegeben wird.[1]

In unserer Gesellschaft spielt Leistung eine wichtige Rolle. Deshalb zielen auch viele Fragen von Verwandten und Freunden auf das Können des Kindes: Kann es sitzen, laufen usw. Sogar die Vorsorgeuntersuchung beim Kinderarzt suggeriert, daß Sitzenkönnen wichtig sei, da er beim Prüfen bestimmter muskulärer Fähigkeiten das Baby bis zum Sitzen aufrichtet. So ist es denn üblich geworden, das Kind schon fast ab Geburt hinzusetzen, es sogar ringsherum abgestützt allein sitzen zu lassen. Diese Kleinen sacken bald immer mehr in sich zusammen und sehen gar nicht so aus, als könne ihnen diese Haltung guttun. Eher tut sie den Eltern gut, da sie vom Quengeln des Babies entlastet sind und es auch nicht herumtragen müssen.

Manchmal ist es der leichtere Weg (und eine Entlastung) für die Eltern, das Kind nicht angemessen zu behandeln. Solange wir uns dessen bewußt sind, halte ich es für richtig, auch für sich zu sorgen und scheinbar egoistisch zu handeln. Damit sind wir dem Kind ein Vorbild, daß es wichtig ist, abzuwägen, ob die eigenen Bedürfnisse gerade ernstzunehmen sind. Wir können die Entscheidung, so oder anders zu handeln, ja jedesmal neu treffen. Erst in dem Moment, wo es unbewußt geschieht, daß wir das Kind setzen oder ihm einen Schnuller

1 In manchen Familien scheinen diese abgewandelten Strategien in der Generationenfolge wieder vorzukommen (Largo, 1996). Nach E. Pickler (Pickler, 1988) zeigen Kinder, die man nicht vorzeitig an andere Lagen im Raum gewöhnt, die genannte Reihenfolge der Bewegungsentwicklung.

in den Mund stecken, um unsere Ruhe zu haben, könnte daraus für das Baby eine Lernerfahrung entstehen, die wir so nicht erreichen wollten.

Eltern vergleichen ihre Kinder gern mit anderen, denn sie wollen sehr gern stolz auf sie sein. Der Vergleich mit anderen Gleichaltrigen geschieht wohl auch auf dem Hintergrund von Leistung. Letztlich ist er aber eine Quelle von Verunsicherung für die Eltern, wenn das eigene Kind scheinbar auf einem Gebiet nicht soviel kann wie ein anderes. Gut ist, wenn Sie sich von Vergleichen freimachen können. Jedes Kind entwickelt sich auf seine Weise, manche brauchen viel Zeit, andere wenig. So haben manche Kinder bereits früh eine große soziale Kompetenz (der mimische, gestische und lautmalerische Austausch zwischen Kind und Eltern klappt besonders gut), während etwa die motorische noch ausbleibt und umgekehrt. Es ist individuell sehr unterschiedlich, welcher Verhaltensbereich vorrangig entwickelt wird.

Wichtig sollte einzig sein, daß das Kind überhaupt Kompetenzen entwickelt, die etwa altersgemäß sind. Wenn Eltern daran zweifeln, hat es sicher eine Berechtigung, sich beim Kinderarzt Sicherheit zu verschaffen. Eltern haben intuitiv ein gutes Gespür für Auffälligkeiten bei ihrem Kind.

Da die Aufrichtung dem Kind ermöglicht, umherzuschauen, wird es sich bald melden, um immer in diese Lage gebracht zu werden, wenn es sie einmal kennengelernt hat. Es kann passieren, daß Eltern von ihrem Kind ganz schön «herumkommandiert» werden. Oder das Baby ist sehr unzufrieden und weint viel. Die Abhängigkeit von den Eltern schafft auch auf deren Seite Unzufriedenheit und führt zu Streß oder Ärger mit dem Kind, das ja eigentlich nichts dazu kann. Diese Tatsache wirkt sich deshalb unter Umständen negativ auf die Eltern-Kind-Beziehung aus. Als Paar kennen wir ja die Auswirkung von Ansprüchen an den anderen. Abhängigkeiten sind wenig angenehm.

Auch bei der Aufrichtung plädiere ich für den Ihnen angenehmen Mittelweg, allerdings würde ich das Hinsetzen vermeiden, wo es geht! Allzuoft verpassen Kinder, die hingesetzt werden, das Krabbeln, weil sie dafür wieder in die Waagerechte zurück müßten. Ihnen fehlen im Gehirn die Meldungen der Sinneseindrücke über Bewegungsmuster, die sie beim Robben und Krabbeln erhalten hätten. Zusätzlich gibt es eine natürlich notwendige Reihenfolge des Nacheinander in der motorischen Entwicklung, so daß Folgestörungen entstehen, die sich z. B. dann bei der sprachlichen Entwicklung zeigen. Es scheint, als bauten die Entwicklungsschritte sehr verzahnt aufeinander auf.

Individuell unterschiedlich ist nur, welcher Verhaltensbereich für die Kinder besonders bedeutungsvoll ist. Manche bevorzugen den motorischen Bereich und lernen früh krabbeln und laufen, dafür z. B. später sprechen. Dabei sind zwei Lernstrategien – und natürlich Übergänge dazwischen – zu sehen: Entwicklung durch Versuch und Irrtum (Erfolg und Mißerfolg) und daraus folgende Lernerfahrung oder die vorausgedachte Abschätzung der zu erwartenden Erfahrung mit anschließender, meist erfolgreicher Handlung. Die Anhänger der ersten Strategie stoßen sich oder fallen oft beim Laufenlernen, die anderen laufen spät, aber wenn sie damit beginnen, fast ohne zu fallen. Um neue Lernerfahrungen machen zu können, muß zuerst die Reifung der Organe vorausgegangen sein. Sofort nach abgeschlossener Reifung prüft die erste Gruppe die neue Leistungsfähigkeit und verbessert sie durch Lernen. Die zweite Gruppe wartet noch, fügt zum Beispiel durch Zuschauen weitere Informationen über die ausführenden Organe und deren Funktion hinzu und zeigt erst dann das Verhalten, als sei es bereits geübt worden.

*Auch hierbei gilt: Wenn Kinder ihren eigenen Weg nehmen dürfen, trägt das positiv zur Selbständigkeitsentwicklung bei. Unsere Anteilnahme und Beachtung unterstützt sie mehr als konkrete Hilfen.*

## 2. Eltern waren auch mal Kinder – was Eltern mitbringen

### Erfahrungen und Erinnerungen

Als du damals in meinem Bauch warst, da...

Ja, wie war das damals, als Ihre Mutter mit Ihnen schwanger war? Was wissen Sie davon?

Freute sie sich, daß sie Sie erwartete, was sagte Ihr Vater, wie war das alles damals?

Am besten ist es natürlich, wenn Sie Ihre Eltern noch fragen können. Männer werden andere Dinge fragen wollen als Frauen – und Mütter werden anderes gefragt werden als Väter.

Schon hier fängt es an, interessant zu werden: Wonach fragen Sie Ihre Mutter und wonach den Vater? Wen fragen Sie nach Gefühlen, von wem bekommen Sie darüber berichtet – oder auch nicht? Fragen Sie lieber eine Tante, einen Onkel oder Ihre Großeltern, wenn sie noch leben? Oder fragen sie die Geschwister, Cousinen oder Cousins? Was für Geschichten erzählen die alle? In manchen Familien gibt es den feinen Ritus des Tagebuchschreibens für die Kinder. Das ist dann später besonders spannend zu lesen, wenn die eigenen Kinder kommen.

Sie erfahren durch die Geschichten über Sie in der Schwangerschaft und Babyzeit zum Beispiel etwas über die Regeln in der Familie, über Werte und Normen, den Umgang mit Gefühlen, über Verwandtschaft und deren Bedeutung, über Hierarchien, Zusammenhalt und Konkurrenz, und wie man Sie willkommen geheißen hat.

Anregung für Eltern: **Die eigene Kinderzeit**

Nehmen Sie sich Ihr Fotoalbum aus der Kindheit zur Hand. Schauen Sie sich die Bilder aus Ihren Jugendjahren gemeinsam mit Ihrem Partner oder Ihrer Partnerin an, und erzählen Sie sich die Geschichten von früher, die Ihnen zu den Fotos in Erinnerung kommen. Fragen Sie nach, wenn Sie an einer Geschichte besonders interessiert sind: Wie war das, wie hast du dich gefühlt? Versuchen Sie zu verstehen, wie es diesem Kind – also Ihnen – damals ging. In solchen Gesprächen begreifen wir oftmals selbst einiges Neues über uns als Kind. Es ist spannend, sich selbst auf die eigene Spur zu machen.

Wenn es zudem möglich ist, unsere Eltern, die neuen Großeltern miteinzubeziehen, so wird das sicher auch zu einer Bereicherung für unsere eigene Elternbeziehung werden können.

Tun Sie doch mal so, als ob die Erziehungssituation schon da sei, und spielen Sie ein Thema gedanklich und im Gespräch durch, z. B., unser Kind schläft nicht so, wie wir es gern hätten, was täten wir . . . (Das geht natürlich auch jederzeit, wenn die Kinder bereits da sind, entweder um kommende Ereignisse vorausschauend anzugehen oder um bestehende Probleme zu lösen.) Sie werden merken, daß Ihre Gelassenheit in der Situation selbst deutlich zunimmt und der Austausch miteinander Ihre gegenseitige Unterstützung fördert.

Wenn wir verstehen, wie es dem Kind in uns – oder uns als Kind – früher ergangen ist, so erhalten wir eine Idee davon, wie wir selbst Mutter oder Vater sein werden. Wir finden unsere besonderen Fähigkeiten und unter Umständen unsere Schwachstellen. Wenn wir beispielsweise entdecken, daß unsere Eltern uns sehr früh alleingelassen haben, wie es damals ja üblich war, dann kann geschehen, daß wir unser Kind zum

Beispiel überbehüten, weil wir bei ihm besser machen wollen, was uns so wehgetan hat. Wir können in diesem Punkt nicht gut unsere eigenen Wünsche als Kind von denen des Babies unterscheiden. Unsere Fähigkeit, für diese Situation sehr einfühlsam zu sein, hilft uns dabei, zu erahnen, was ein Kind braucht. Die Schwachstelle könnte uns hindern, ganz genau wahrzunehmen, ob es wirklich das ist, was wir vermuten, da sie uns aus unserer Erfahrungssicht interpretieren läßt. Das auseinanderzuhalten ist aber erlernbar. Der erste Schritt dahin ist, es wahrzunehmen.

Im Gespräch mit dem Partner oder der Partnerin können wir uns darüber austauschen und uns gegenseitig helfen. Wir werden Gemeinsamkeiten und Unterschiede in unseren Erfahrungen entdecken und uns darüber austauschen. Und wir können Bilder entwerfen, wie wir in unserer Unterschiedlichkeit unserem Kind eine Bereicherung sein können.

Gleichzeitig können Eltern diese Entdeckungsreisen in die Kindheit nutzen, um sich gegenseitig zu erzählen, wann es ihnen als Kind besonders gut erging, welche Erfahrungen mit ihren Eltern sie besonders genossen haben – und auch welche Situationen schwierig waren oder Verletzungen hinterließen. Aus diesen Erinnerungen läßt sich im Gespräch gemeinsam entwickeln, was für Rahmenbedingungen Sie als Eltern Ihrem Kind bieten möchten, welche Eckpunkte in der Erziehung Ihnen jeweils wichtig sind, welchen Sie gemeinsam zustimmen, welche Unterschiede bestehenbleiben dürfen, ohne daß das für Sie beide zu einem Konflikt wird. Darüber hinaus werden Sie herausfinden, welche Schwierigkeiten noch im Gespräch zu meistern sein werden.

Je früher Eltern in diesen Dialog eintreten, desto mehr Zeit haben sie, ihr gemeinsames Familienleben aktiv zu gestalten, anstatt sich den Ereignissen zu unterwerfen und das Gefühl zu bekommen: Wir gehen darin unter – wo bleibe ich, wo bleiben wir? Über die Paar- und Familiengespräche hinaus sind auch immer wieder solche mit Freunden hilfreich, besonders, wenn sie gerade ähnliche Erfahrungen machen.

Anregung für Eltern: **Gute Mutter – guter Vater**

Haben Sie sich schon einmal überlegt, was in Ihren Augen eine «gute Mutter» oder einen «guten Vater» auszeichnet? Welche Eigenschaften hat denn solch eine Mutter oder ein Vater? Was sollte sie oder er tun, wie sollte sie oder er sein? Was sollte sie oder er auf keinen Fall tun, wie auf keinen Fall sein? Würde ich für mich als Mutter oder Vater diese Ansprüche auch haben, welche nicht? Und wie sieht das in bezug auf meinen Partner oder meine Partnerin aus?

Nehmen Sie sich insgesamt ca. 30-40 Minuten Zeit und schreiben Sie die von Ihnen jeweils gewünschten Eigenschaften auf. Erzählen Sie sie sich gegenseitig und sorgen Sie dafür, daß Sie sich vom andern verstanden fühlen, aber vermeiden Sie möglichst eine Diskussion.

Überprüfen Sie die Gemeinsamkeiten und die Verschiedenheiten. Wählen Sie Ihre jeweiligen Minimalforderungen aus und tauschen Sie sich darüber aus, ob deren Durchführung realistisch ist. Wo momentan keine Übereinkunft zu erzielen ist, können Sie bei weiteren Gelegenheiten darüber reden (siehe: Das Elternpaar im Gespräch). Zudem lassen sich unterschiedliche Vorstellungen im Alltag auf ihre Realisierung hin überprüfen.

Vielleicht zeigt sich dann, daß die Verschiedenheiten eine Bereicherung für alle sind!

Auch hier können Eltern ins Gespräch kommen. Oft merken sie, daß die Ansprüche, die sie an sich selbst haben, viel höher sind, als sie beim anderen vermuten.

### Kindheitsmärchen

Als Sie ein Kind waren, da gab es doch sicherlich ein Lieblingsmärchen. Welches war das, und warum hat Ihnen das wohl gefallen?

In diesen Geschichten wird viel über das gelungene oder weniger gelungene Miteinander von Erwachsenen und Kindern gesprochen (Kast, 1996; Jellouschek, 1997). Es gibt sehr viele Hexen und böse Stiefmütter, aber auch Prinzessinnen und Goldmarien, Aschenputtel, rettende Zwerge oder Prinzen und andere. Wir können etwas darüber lesen, wie es den handelnden Personen erging, was besonders schön für sie war, was erschreckend oder gräßlich, und welche Lösungen für Probleme gefunden wurden. Meistens wird auch von hilfreichen guten Feen erzählt.

In unserem Lieblingsmärchen damals haben wir uns mit einer der Personen identifiziert. Sie hat sich wohl so gefühlt, verhalten oder gedacht, wie wir als Kind es taten. Manchmal können wir unsere Kindheit verstehenlernen, wenn wir das Märchen verstehen. Wie fühlten wir uns in der Geschichte, warum haben wir gerade sie in Erinnerung behalten? Wie ist wohl unser Gefühl zu dieser Geschichte, wenn wir sie jetzt noch einmal lesen? Ähnelt die Erinnerung dem, was wir heute lesen? Was ist anders? Wie verstehen Sie sich dabei?

## Was uns beim Eltern-Sein hilft

### Intuitives elterliches Verhalten

*Das Ehepaar Papoušek (Papoušek, 1990) hat in seinen Studien über die elterlichen Verhaltensweisen zeigen können, daß Eltern ohne nachzudenken das in der Situation Passende tun. Dieses kreative, spontane und angemessene Handeln wird als Intuition bezeichnet, die Versorgung des Kindes auf diese Weise als intuitives elterliches Verhalten.*

*Die Fähigkeit dazu gilt als ererbt, da wichtige Elemente daraus völkerweit zu beobachten sind.*

*Beim Umgang mit dem Kind trifft es auf dessen passende Reaktion; eine neue Aktion des Kindes stimuliert erneutes intuitives Verhalten der Elternperson – und schon ist da ein wundervolles Miteinander im Gang. Wir müssen uns die einzelnen Schritte be-*

*wußt klarmachen, so «automatisch richtig» können wir als Eltern handeln (Stern, 1994). Der Umgang mit dem Kind gleicht einem gut einstudierten Tanz. Alle Schritte passen ineinander.*

Auf diese Fähigkeit können sich unter normalen, entspannten Bedingungen alle Eltern verlassen. Indem wir diesem Handeln ein wenig Aufmerksamkeit schenken, lernen wir einmal diese Fähigkeiten kennen und schätzen; zum andern können wir sie auf diesem Weg schulen und sogar noch weiterentwickeln. Weil wir dabei ja auch dem Verhalten unseres Kindes Aufmerksamkeit schenken, lernen wir es immer besser kennen und vermögen seine Aktionen und Reaktionen zunehmend besser einzuschätzen. Somit werden wir Eltern in unserem intuitiven Umgang mit ihm immer sicherer.

## Schulung der Intuition

*Zurücklehnen und zuschauen, den Überblick bekommen – Eltern können dies nicht oft genug tun, besonders, wenn die Situation angespannt und schwierig ist.*

Diese Fähigkeit ist nicht nur bei den kleinen Kindern nützlich, sondern bewährt sich in jeder Altersklasse, wenn Konflikte zu lösen sind. Der Abstand ermöglicht das Durchatmen, Auftanken und Entspannen in kurzer Zeit. Zum anderen wird für uns die Gesamtsituation eher überschaubar. Wir können nachdenken, was eigentlich los ist und wie das Problem zu lösen ist, denn wir bekommen dafür Zeit. Die Kinder haben währenddessen selbst Zeit, ein Problem zu lösen, oder sie lernen zu warten. Vielleicht werden sie darüber schimpfen, aber es ist wichtig für diese kleinen Leute, warten zu lernen, Geduld zu entwickeln, auch wenn ihnen das nicht behagt. Später werden sicher nicht immer ihnen wohlgesonnene Menschen sie etwas lehren. Es lernt sich viel leichter, wenn man das Gefühl hat, gemocht zu werden. Das wirkliche Problem dabei haben eigentlich immer die Erwachsenen, die es nicht aushalten, wenn ihr Kind weint – oft, weil sie das Weinen beispielsweise als Trauer deuten statt als Beschwerde oder Ärger, was es in dieser Situation meist ist.

Das wäre dann ein Beispiel, wo die elterliche Intuition nicht genau die Situation erfaßt und uns nicht zum «passenden» Handeln verleitet, indem wir uns den kindlichen Wünschen beugen und es nicht warten lassen.

Zurücklehnen und Zuschauen hat noch einen anderen Vorteil: Im intuitiven Umgang mit dem Kind verhalten wir uns (oder sind vielleicht sogar) auf einer vergleichbaren Verhaltensstufe wie der Säugling. Am Lebensbeginn verständigen wir uns ausschließlich ohne Worte, und der Gefühlsaustausch spielt eine zentrale Rolle. Beim Zurücklehnen gewinnen wir Distanz zum Kind und unserer unmittelbaren Verbundenheit mit ihm. Wir können wieder denken und problemlösend handeln.

Anregung für Eltern: **Intuitive Interaktion**

Nehmen Sie sich Zeit als Paar, lehnen Sie sich im Sofa oder Sessel entspannt zurück. Gehen Sie in Ihrer Phantasie in Ihre Kindheit zurück und erinnern Sie sich an das, was Ihre Mutter oder Ihr Vater öfter Angenehmes zu Ihnen sagte. Gibt es jeweils für Sie einen Satz aus Ihrer frühen Kinderzeit, der Ihnen in guter Erinnerung ist? Sagen Sie ihn nicht laut, sondern überlegen Sie jeder für sich, wie Sie ihn in einem Rollenspiel **ohne Worte** mit Mimik, Gestik, Körperhaltung o. ä. darstellen würden.

Entscheiden Sie gemeinsam, wer als erster spielt, während der andere das in sich aufnimmt und zu verstehen versucht. Der/die jeweilige Spieler/in hält am Ende der Darstellung inne wie eine Statue und spürt in sich hinein, wie es sich anfühlt, diesen Satz zu spielen.

Der/die Begleiter/in berichtet nun, was er/sie wahrgenommen hat und welche Aussage er dahinter vermutet. Beide tauschen sich über das Gespielte und Wahrgenommene aus. Haben Sie das Richtige vermutet, war Ihre Intution hilfreich.

Sollte das nicht sogleich der Fall gewesen sein, so können Sie es üben. Schon die genauere Beobachtung von sich selbst ist ein nützlicher Schritt, anderen zusehen zu lernen. (Sprechen Sie das Zusehen bei anderen zuvor mit denen ab. Vielleicht können Sie sich hinterher darüber austauschen.) Wechseln Sie nun die Rollen und machen Sie es so wie zuvor.

## Woher kommt unsere Intuition?

Es gibt ein ererbtes Programm, wie Menschen mit ihren Kindern umzugehen haben, damit diese möglichst gut großwerden können. Wenn wir entspannt sind und uns auf unser Kind einlassen, ihm zusehen, zuhören, hinriechen, es berühren und seine Signale beanworten, dann werden wir, wenn wir dies einmal bewußt tun, merken, daß wir es zuvor schon unzählige Male getan haben – unbewußt, intuitiv und passend zu dem, was das Kind von uns gefordert oder uns angeboten hat.

Intuitive, das heißt: unbewußt passende Verhaltensweisen von Eltern gegenüber ihrem Kind sind – ebenso wie die kindlichen Antworten darauf – in allen Kulturen zu beobachten. Kindliche und elterliche Signale werden gegenseitig verstanden. Indem das Baby mit der Beantwortung seiner Äußerungen zufrieden ist, festigt sich die Zuversicht der Eltern, «es richtig zu machen» (Zimmer, 1997). Kleine, feine Verhaltensmuster greifen bei einer gelungenen Beziehung ineinander, um eine gemeinsame Handlung zu bewirken. Beide Interaktionspartner – Elternteil und Kind – sind daran im Idealfall gleichermaßen beteiligt – auch das Neugeborene. Steigt einer von beiden aus der Handlungsabfolge aus, endet die Interaktion. Die Erfahrung, daß zunehmend mehr «angemessene» Eltern-Reaktionen zu den Kind-Aktionen passen – und umgekehrt – stärkt die Sicherheit beider und fördert das Bindungsgeschehen, so daß auch Versuchsphasen und Irrtümer keine grundlegende Verunsicherung mehr nach sich ziehen.

Wenn die Irrtümer allerdings bereits früh in der Eltern-Kind-Beziehung auftreten, so kann das für ein Elternpaar und sein Kind schon recht schwierig werden. Dann ist es nützlich, möglichst bald professionelle Unterstützung zu suchen, damit nicht ein ernsteres Problem daraus entsteht. Zum Beispiel können professionell angeleitete Kurse solch eine Unterstützung darstellen.

Darüber hinaus bieten sie Entlastung, weil Eltern meistens erfahren, daß ihr Problem kein Einzelproblem ist, sondern es auch anderen so ähnlich geht. Gemeinsam können die Teilnehmerinnen und Teilnehmer Lösungsmöglichkeiten finden. Bei besonders schwierigen Problemen sollte man sich aber auch nicht scheuen, eine Beratung aufzusuchen.

## Persönlichkeitsentwicklung und Ich-Zustände

Wir haben gesehen, daß wir durch Erfahrung lernen, unsere ererbten elterlichen Fähigkeiten zu verbessern, indem wir die Intuition schulen, das heißt: sie vertiefen, festigen und «Fehler» oder Lücken ausbessern, die eventuell in der eigenen Säuglingszeit entstanden sind. Neben persönlichem Erleben des Elternseins könnte die Lernerfahrung auch im Beobachten und der Wahrnehmungsschulung des eigenen Verhaltens und dem von anderen Elternvorbildern (Werner, 1989) liegen.

Bei Versuchen an Rhesusäffchen und der Erforschung ihrer Bedürfnisse nach der Versorgung durch eine Mutterperson wurde deutlich, daß Äffchen, die kein mütterliches Versorgungsverhalten erlebt hatten, sondern allein mit einer Attrappe aufwuchsen, auch keine guten Mütter wurden, sondern mit ihren Kindern nichts anzufangen wußten und sie nicht betreuten.

Die intuitiven elterlichen Fähigkeiten erlebt ein heranwachsendes Kind am eigenen Leib und speichert sie im

Gehirn als Erfahrung von Elternverhalten aus kindlicher Sicht ab. Zusätzlich vertiefen Kinder dieses Erleben im Rollenspiel mit Gleichaltrigen oder mit Puppen und «üben» es dadurch. Außer diesen persönlichen Erfahrungen im kindlichen Spiel oder mit Eltern und anderen sich intuitiv verhaltenden Erwachsenen suchen Kinder mit zunehmendem Alter auch Vorbilder außerhalb der Familie. Sie können daraus für sich ein Bild vom Umgang miteinander entwickeln und ihr Repertoire von möglichem Elternverhalten vermehren.

Immer wieder werden diese neuen Erfahrungen in der Auseinandersetzung mit den Eltern oder anderen Kindern auf ihre Wirksamkeit hin überprüft. Das Kind entscheidet, welche von allen erlebten Einflüssen ihm für seine Selbst-Entwicklung wichtig sind, welche nicht. Auf diese Weise schreibt es sein «Lebensdrehbuch».

Anregung für Eltern:
**Schulung der intuitiven Fähigkeiten**

Wenn Sie beide mit Ihrem Kind zusammen sind, so ist das für einen Partner die Chance, dem anderen beim Umgang mit dem Kind zuzusehen und überhaupt erst einmal zu entdecken, was der andere mit einem Baby tut. Gleichzeitig sehen Sie, wieviel dieses kleine Wesen bereits kann. Dabei können Sie Ihre Beobachtungsfähigkeit schulen.
Allein dadurch, daß Sie aus den Beobachtungen heraus wissen, wie bestimmte Interaktionen (Handlungen) zwischen Kind und Elternteil aussehen, sind Sie in der Lage, diese bei sich selbst auch bewußt wahrzunehmen und infolgedessen Ihre Selbstwahrnehmung zu vermehren.

Für manche Eltern ist der Hinweis hilfreich, daß nicht so wichtig ist, was «man» macht, sondern was ihr Herz ihnen sagt, was zu tun ist und wie es zu tun ist: Sich erlauben, im Umgang mit einem Baby Spaß zu haben und dem Reichtum ihrer eigenen Quellen zu vertrauen. Das gilt im ersten Lebensjahr uneingeschränkt bis zu ersten selbständigen Handlungen des Kindes, z. B. Krabbeln oder Laufen. Dann fängt es an, die Eltern zu prüfen: Meinst du das wirklich so? Ich will jetzt aber anders. Zum Beispiel die Runter-Werf-Spiele zeigen das. Bis zu diesem Zeitpunkt ist auch die Sorge unbegründet, man könne das Kind verwöhnen, da es noch nicht in der Lage ist, komplexes Geschehen zu erfassen und nachzuahmen.

Davor gibt es sicher auch bereits eine Reihe von Situationen, in denen nicht nur Intuition, sondern Entscheidung gefragt ist. Manchmal wundern sich Eltern, daß ein Kind sich so ganz anders verhält als das andere, obwohl sie beide doch gleich erzogen haben. Angesprochen auf die Persönlichkeit ihrer Kinder, erklären sie dann oft, daß eins zum Beispiel eher introvertiert sei, das andere sehr temperamentvoll. Eines würde sich die «Dinge mehr zu Herzen nehmen» als das andere, eines ganz brav, das andere aufbrausend sein. Hierin wird deutlich, wie unterschiedlich Kinder auf die eigentlich gleiche Erziehung reagieren. An jedem Punkt der Entwicklung – so könnte man es sich vorstellen – hat ein Kind Wahlmöglichkeiten, etwas sehr wichtig zu nehmen oder auch nicht, sich Dinge zu merken oder sie zu vergessen, beleidigt, gar nicht oder erfreut zu reagieren, wie es ja auch bei uns Erwachsenen immer wieder vorkommt. Worauf sie schließlich Wert legen, was sie berührt, wie sie reagieren, ist im Begriff Lebensdrehbuch («Skript», Berne 1966) zusammengefaßt.

Diese Tatsache ist mir im Zusammenhang mit elterlichen Schuldgefühlen wichtig. Selbst wenn Maßnahmen unglücklich, vielleicht sogar schädigend waren, so ist die kindliche Entscheidung, sie wichtig zu nehmen, ein Teil der Wirksamkeit.

*Biologisch betrachtet ist es sehr sinnvoll, sich den Maßstäben der Sippe – bei uns der Familie – anzupassen, wenn es doch möglich wäre, daß gerade diese Anpassung eine für das «Überleben in der Gemeinschaft wesentliche» ist. Und oft ist sie es auch heute, um die Akzeptanz der Eltern zu erhalten; denn manche Eltern lieben ihr Kind nur, wenn es sich so verhält, wie sie es gern hätten.*

*Auf der anderen Seite besteht immer die Möglichkeit zur Veränderung des Familiensystems durch die Entscheidung der Eltern, ab sofort bestimmte Dinge anders zu machen, von denen sie heute wissen, daß sie falsch sind. Wenn Mutter und/oder Vater dies tun, werden Kinder oder Partner auch anders reagieren.*

Somit machen die Beteiligten neue Erfahrungen, die sie mit den alten zusammen im Gedächtnis behalten.

Natürlich wäre der Rückschluß fatal, daß nun alle Fehler erlaubt sind. Mir geht es vor allem darum, Eltern keine Schuldgefühle zu machen, sondern sie rückblickend zu entlasten, denn sie haben in der Situation das getan, was damals «ihr Bestes» war. Aber heute, ausgestattet mit mehr Wissen und Erfahrung, kann jede und jeder etwas neu und vielleicht besser ausprobieren. Darüber sich auszutauschen, Strategien für Änderungen gemeinsam zu entwerfen, dabei von den Vorwürfen wegzukommen hin zu Anregungen, Ideen und vor allem Verständnis füreinander, sind die ersten Schritte.

Zeit zu zweit, Ruhe, Entspannung und Gespräche sind wesentliche Hilfsmittel dabei.

Wenn Eltern sich ihre Geschichten erzählen, so erfahren sie voneinander sicherlich, wie wohlwollend oder kritisch sie behandelt wurden, wie sehr sie dies verinnerlicht haben und selbst eher kritisch oder eher wohlwollend mit sich und anderen umgehen. Vielleicht wird auch deutlich, wieviel ihnen spielerisches, kreatives Herangehen an Erziehung wert ist oder wie vorsichtig und ängstlich oder angepaßt an Meinungen anderer sie vorgehen möchten. Möglicherweise begegnen ihnen auch Widerstände gegenüber Erziehungsmaßstäben, oder ein im Moment gar nicht nachvollziehbarer Ärger taucht auf.

Beim Heranwachsen erfährt der Mensch verschiedene Qualitäten von elterlichem Verhalten: zum Beispiel strenge Eltern mit einschränkenden Normen und Werten, die wenig Platz für lustvolles Tun und Spaß lassen, oder solche, bei denen Spiel und Spaß im Vordergrund stehen, andere, die ganz besonders wohlwollend, verständnisvoll und gewährend sind, und wieder andere, die angemessen bemüht, zugleich spielerisch und konsequent mit ihren Kindern umgehen. Außerdem sammelt dieser Mensch von Kindheit an Erfahrungen über sein eigenes Sein und Tun im Kontakt mit Erwachsenen und Kindern. Er erfährt zum Beispiel im Idealfall, daß er etwas bewirken darf, seine Ideen geschätzt werden oder Konflikte für alle Beteiligten gut gelöst werden können. Möglich sind aber auch Erfahrungen, in denen er sich anpassen muß, seine Meinung und Ideen nicht viel wert sind, die Großen recht haben, und die Kleinen sich danach richten müssen. Vielleicht gelingt ihm die Anpassung leicht, unter Umständen bewirken solche Forderungen andauernde Auflehnung.

Diese Einflüsse begegnen uns allen beim Heranwachsen in unterschiedlicher Weise mit mehr oder weniger Gewicht. Sie bewirken unsere Persönlichkeitsbildung: Nach dem transaktionsanalytischen Konzept von E. Berne hat der Mensch drei verschiedene Ich-Zustände (Berne, 1975), die seine Persönlichkeit beschreiben und mit denen er mit anderen Menschen in Interaktion tritt.

Anregung für Eltern: **Meine Ich-Zustände kennenlernen**

Schauen Sie sich einmal selbst zu: Wenn ich mit anderen spreche, kann ich mich gut verständlich machen? Habe ich nach einem Gespräch ein gutes Gefühl? Oder bleibt ein Hauch von Unbehagen? Wie ist das gegebenenfalls näher zu beschreiben?

Mögen Sie jemanden befragen, was sie/er zu Ihrem Eindruck meint? Rückmeldungen von Menschen, die Ihnen wohlgesonnen sind, können Ihnen bei der Selbstreflexion helfen. Oder beobachten Sie Ihr Verhalten, Ihre Worte und Handlungen, z. B. Ihre Gestik: Kritisch elterliche Menschen belehren gern und unterstreichen dies mit erhobenem Finger. Besonders fürsorglich elterliches Verhalten wird als «Betüteln» (Überbehüten) bezeichnet, im positiven Sinn ist es erlaubend, verständnisvoll, dennoch freundlich eingrenzend, wenn nötig. Ist Ihnen dies vertraut?

Sie verhalten sich erwachsen, wenn Sie problembewußt sind, Sie packen die Lösung eines Problems an, benutzen bewährte Strategien. Sie können klar denken und sich unabhängig von der Meinung anderer für oder gegen etwas entscheiden.
Kindliches Verhalten besteht aus Spaß und Lust an den Dingen, Ideenreichtum und Kreativität unabhängig von erwachsenen Vorgaben. Ein anderer Bereich zeigt besondere Rücksichtnahme, die die eigene Person selbstlos in den Hintergrund stellt (im Gegensatz zur angemessenen, das heißt erwachsenen Rücksicht aus Vernunftgründen) und sich erheblich nach den Vorgaben anderer richtet. Dem Teil ist ein anderer nahe, der sich dagegen auflehnt, z. B. motzig wird, wenn Anpassung verlangt wird – auch dann manchmal, wenn die Einsicht «es besser weiß».
In welchen Teilen finden Sie sich besonders wieder? Welchen Teil möchten Sie gegebenenfalls gern weiterentwikkeln? Besprechen Sie mit Ihrem Partner oder der Partnerin, wie er oder sie Sie dabei unterstützen kann.

Was wir an elterlichem Verhalten erlebten, benutzen wir als Erwachsene im Umgang mit anderen – Kindern und Erwachsenen: z. B. Wertvorstellungen, negative Kritik, liebevoller Umgang, Fürsorge, konstruktive Kritik.

Was wir in der Kindheit als wirkungsvoll erlebten, benutzen wir spontan, wenn es um freudvolles, lustbetontes Verhalten mit anderen heute geht: z. B. Spielen, Kreativität (auch bei der Problemlösung), Spontaneität. Wir zeigen es ebenso, wenn wir uns bemühen, nett oder schnell zu sein, uns perfekt zu verhalten oder uns anzustrengen. Vielleicht hat sich früher besonders bewährt, gegen die Erwachsenen zu rebellieren, um ihre Aufmerksamkeit zu bekommen, so daß wir diese Strategie gut kennen – aber als Erwachsene damit oft Widerstand ernten. . .

## Die Ich-Zustände:

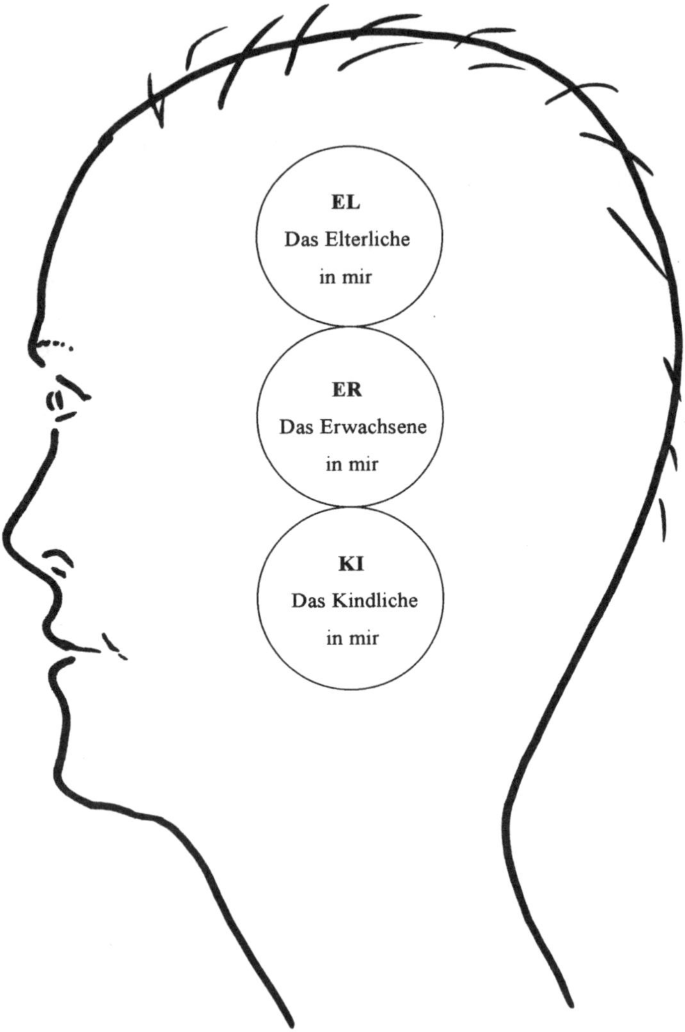

Das in der Kindheit am Vorbild der Eltern beispielhaft Erlebte dient im Idealfall dazu, sich dann als Erwachsener angemessen, situationsbezogen «richtig» und unabhängig von anderen zu verhalten, sowie klar zu denken und Gefühle wahrzunehmen. Hilfreich für die künftige Lebensführung des Kindes war es, wenn konstruktive Erlebnisse im Vordergrund standen und einschränkend Erlebtes wenig vorkam.

Im sogenannten Eltern-Ich (dem elterlichen Teil in mir) sind kritische und fürsorgliche Anteile repräsentiert, im Kind-Ich (dem Kind in mir) freie, spontane, kreative Anteile, aber auch brav angepaßte und rebellische. Das Erwachsenen-Ich (der Erwachsene in mir) repräsentiert autonome, angemessene Entscheidungs- und Denkfähigkeit im Hier und Jetzt. Sie enthält sowohl angemessene Wertmaßstäbe als auch kreative Lösungen, ebenso bewußten Umgang mit Gefühlen und angemessene Unabhängigkeit von anderen Personen im Verhalten.

## Das Elternpaar im Gespräch

Wenn ein Baby in die Familie dazukommt, so verstummt häufig das Gespräch zwischen den Eltern, weil «keine Zeit dafür ist». Dabei wäre spätestens nun ganz viel Zeit dafür nötig!

Das hierarchisch Ältere, das Paar, ist es, ohne das es das Kind nicht gäbe. Es gibt dem Kind Schutz, Trost, Anleitung, ist Vorbild und Quelle von Zuversicht durch sein Dasein, seinen Zuspruch, die Beachtung und durch Umhertragen und Spielen. So kann das Kind beruhigt in diese Welt hineinwachsen mit all seinen ererbten Fähigkeiten, die es am Vorbild und im Austausch mit seinen beiden Eltern schulen wird. Dabei wird es außerdem Erfahrungen über die Art und Weise, wie Erwachsene Beziehung leben, sammeln und in der Bindung an Mutter und Vater überprüfen. Die Eltern können sich oft in dem wiedererkennen, was sie von ihren Kindern hören oder sehen.

Ein Elternpaar, das wenig miteinander redet – und sei es zunächst auch nur vorwiegend über die Dinge des Alltags – verliert sich aus dem Blick und entfremdet sich.

Besonders in der Anfangszeit, in der jeder in der Familie zuerst seinen Platz finden muß und deshalb sehr mit sich selbst beschäftigt ist, braucht das Miteinander des Elternpaares einen Plan oder eine Struktur. Allzuleicht entfällt dieser wichtige Teil, der hilft, seine neue Rolle als Mutter oder Vater gemeinsam zu gestalten. Und auf einmal, wenn mehr «Zeit ist», entdecken die Eltern, daß sie sich gar nicht richtig kennen. Auch die Beziehung zwischen Erwachsenen braucht wie die zwischen Eltern und Kind Zeit der Gemeinsamkeiten, des Kontakts, der körperlichen Nähe und Zärtlichkeit, der Bestätigung und Erfahrung von Innigkeit.

Die sexuellen Kontakte zwischen Mann und Frau nach der Geburt werden sich ändern, weil Frauen nach der Geburt des Kindes oft diesen Wunsch nicht gleichermaßen haben wie die Partner. Wichtig ist es, darüber im Austausch zu bleiben und einen gemeinsamen Umgang damit zu finden (Otto, 1996). In der frühen Familienzeit sind andere Begegnungsformen, die Zärtlichkeit und Nähe bedeuten, besonders hilfreich für die Beziehung. Es gilt, gemeinsam zu benennen, wie das Zusammensein gestaltet werden soll, wer sich was davon erhofft und zu welchem Zeitpunkt es stattfinden wird.

In manchen Volksgruppen gibt es spezielle Rituale für diese Zeit nach der Geburt. Zum Beispiel lebt die junge Mutter im Frauenhaus, während der Mann bei den Männern wohnt, oder die junge Mutter gilt als unberührbar. Auch Polygamie ist verbreitet. Meistens wird durch diese Riten auch Verhütung möglich.

Am meisten werden die Eltern das Beisammensein genießen, wenn sie Termine, die dem Gespäch über Alltagsgeschäfte dienen, von anderen trennen, an denen das Paar sich sehr nahe sein möchte. In beiden Situationen ist es hilfreich, darauf zu achten, daß für beide Partner – auch bei heftigen Diskussionen – Erfreuliches dabei ist, und jeder mit dem

Gefühl, verstanden und akzeptiert zu sein, aus der Begegnung herausgeht. Für Gespräche ist es nützlich – ähnlich einer geschäftlichen Verabredung – abzusprechen, was für beide das Ziel bei dem Zusammentreffen ist, wer welche Erwartungen mitbringt. Weiterhin bewährt es sich, daß solche Treffen eine gewisse Regelmäßigkeit bekommen (Moeller, 1998), was vielleicht gleich nach der Geburt schwierig zu sein scheint, aber mit dem Heranwachsen des Kindes zunehmend leichter wird. Die elterliche Routine stellt sich zum Glück meistens bald ein.

Anregung für Eltern: **Sich als Eltern-Paar Zeit nehmen**

Prüfen Sie den Schlafrhythmus Ihres Kindes – oder den Terminplan der Großeltern, Paten, Freunde o. ä. – und verabreden Sie als Paar ein gemeinsame Zusammenkunft zu einer für Sie beide gelegenen Zeit, in der Sie ohne Kind sein können. Möglichst sollte dieser Termin zumindest einmal pro Woche (oder zunächst einmal alle vierzehn Tage o. ä.) über längere Zeit passend sein. Er braucht nicht länger als eine bis eineinhalb Stunden zu dauern. Vielleicht sind Sie auch mit weniger zufrieden, solange das Kind klein ist.
Gestalten Sie zusammen oder einer allein den Raum (Sie haben da sicher Ideen für eine gute Atmosphäre), so daß beide sich wohlfühlen können. Tauschen Sie sich zu Beginn über Ihre jeweiligen Wünsche und Anliegen aus und bestimmen, womit Sie beginnen. Wenn klar ist, wieviel Zeit Ihnen bleibt, so verabreden Sie, zu welchem Zeitpunkt das andere Anliegen besprochen wird. Ist der zur Verfügung stehende Zeitraum offen, so schätzen Sie die Hälfte der Zeit ab oder besprechen Sie, wie Sie vorgehen wollen, wenn der Wunsch einer Person keinen Platz mehr hat. Ziel sollte sein, daß nicht schon daraus, daß einem mehr Zeit zukommt als dem andern, ein Konfliktpotential entsteht.
Aber: Achtung! Nettsein und dem andern den Vortritt lassen, ist sicherlich als Geschenk an ihn oder sie gemeint,

birgt aber Haken. Wenn dadurch einer zu kurz kommt, so hinterläßt das ein «blödes» Gefühl.

Gönnen Sie sich neben dem Gespräch auch Zeit für gemeinsamen Spaß und Genuß!

Die Regelmäßigkeit solcher Begegnungen macht erst ihr tatsächliches Zustandekommen aus. Wenn so ein neues Familienmitglied das bisherige Miteinander doch heftig durcheinanderwirbelt, dann hilft Struktur bei der Neufindung. Ein «Jour Fixe» ist ein Ruhepunkt im Alltag mit Kind.

Abschließend noch die Idee einer meiner Kursteilnehmerinnen, wie Sie sich auf solche Gespräche vorbereiten können: Meistens gibt es während der Woche Dinge, die Ihnen auffallen, die Sie stören oder die Sie sich wünschen. Ein gemeinsamer Platz, an dem Stichworte dazu ausgehängt werden, kann den anderen vorbereiten und eine Vorauswahl der Themen herbeiführen, ehe der Termin da ist.

Formulieren Sie es als Wunsch, wie was geändert werden könnte, und prüfen Sie vorab Ihr eigenes Dazutun.

Bislang war vom Zweiergespräch der Eltern die Rede. Ich halte Gespräche mit anderen Eltern – möglichst schon vor der Geburt des Kindes – ebenfalls für sehr wichtig. In ihnen findet das Paar Kontakt zu anderen, die in derselben Lebenssituation sind, und damit eine Menge Verständnis für seine Anliegen oder Probleme. Besonders, wenn es im Freundeskreis noch keine Kinder gibt, wird es schwierig, den Kontakt dorthin in der Weise aufrechtzuerhalten, wie er früher war. Dann sind andere Eltern, mit denen man sich austauschen und zusammen mit den Kindern treffen kann, von zunehmender Bedeutung.

In Geburtsvorbereitungskursen, Stillgruppen, Rückbildungskursen oder Eltern-Kind-Gruppen können sich Eltern zusammenfinden. Einrichtungen wie z. B. Familienbildungsstätten, Eltern-Kind-Zentren, Mütterzentren und Hebammenpraxen bieten solche Kurse an. In manchen Orten müssen interessierte Frauen auch erst selber aktiv werden und eine solche Einrichtung ins Leben rufen.

Erwachsene mit ähnlichen Interessen sind speziell in Wendezeiten, wie die Geburt besonders des ersten Kindes sie darstellt, eine große Hilfe, um sich in die neue Lebenssituation hineinzufinden. Das Gespräch mit den eigenen Eltern und Verwandten bietet eine weitere Chance für das Paar, sich als Eltern einzuleben – und auch die Erfahrungen der eigenen Kindheit zu reflektieren.

Ferner wird in Gesprächen mit Großeltern das frühe Kinderleben, das die elterlichen intuitiven Fähigkeiten speist, wieder lebendig und dadurch leichter der aktuellen Wahrnehmung zugänglich.

Besonders wenn das Verhältnis zu den eigenen Eltern nicht sehr eng ist, oder gar Differenzen bestehen, kann der gemeinsame, gelegentliche Umgang mit einem Baby zu einem Gespräch über Erleben von Elternschaft führen und vielleicht gegenseitiges Verständnis fördern und damit die Beziehung zwischen Eltern und Großeltern begünstigen.

Die Enkelkinder stellen in solchen Fällen eine Brücke zur Gemeinsamkeit dar; denn sie werden es genießen, wenn Oma und Opa sie besuchen. Alle Eltern, deren Familien nicht am Ort wohnen, wünschen sich oft, die Großeltern mögen nicht so weit weg sein, denn es ist eine große Entlastung, wenn Familienmitglieder sich um die Kleinen kümmern. Sie tun das ganz anders, als Babysitter es können – auch wenn wir nicht immer mit ihrem Verhalten einverstanden sind. Die Kinder dürfen von Großeltern ruhig ein wenig verwöhnt werden, ohne daß sie Schaden nehmen oder unsere eigene Erziehungsweise vergessen. Aus der Vielfalt der Kinderfahrung werden sie ihr Bild entwickeln.

# 3. Die erzieherische Begleitung im Säuglings- und Kleinkindalter

## Die Eltern-Kind-Beziehung

Wir Menschen haben neben den Strukturen, die sich im Laufe des Heranwachsens durch Lernen herausbilden, viele ererbte Eigenschaften. Im Erbmaterial sind beispielsweise die Haarfarbe oder die Augenfarbe gespeichert. Wenn ein Mensch auf die Welt kommt, hat er bereits im Bauch seiner Mutter viel erlebt. Und er ist in seiner Keimesentwicklung in der Gebärmutter in kürzester Zeit auf ähnliche Weise zu einem Kind herausgewachsen, wie das unzählige Generationen in der Artenentwicklung im Genom (Erbmaterial) festgeschrieben haben. Die wesentlichen Informationen unserer Entstehungsgeschichte sind in unserem Erbmaterial enthalten. Deshalb sind wichtige Schritte zur Höherentwicklung einer Art nach wie vor für sie bedeutsam. Das gilt auch für die Art «Mensch». Im Heranwachsen unserer Kinder, in den Verhaltensstrategien, die zwischen Eltern und Kind zu beobachten sind, dem intuitiven Beeltern etc. finden wir dies biologische Erbe wieder.

Die kleinste soziale Einheit beim Menschen ist das Ungeborene und seine Mutter, die in intensivem körperlichen und gefühlsmäßigem Austausch stehen. Darüber hinaus werden ab ca. fünftem Schwangerschaftsmonat, einem Zeitpunkt, ab dem die Babies lebensfähig sind und die Muttermilch gebildet ist, weitere Familienmitglieder wahrgenommen. Das Kind kann in dieser Zeit bereits Geräusche, Berührungsreize und Geschmacksreize spüren, Informationen über seine Lage im Uterus (Gebärmutter) und die Stellung seiner Gliedmaßen erhalten und auf Hell-Dunkel-Unterschiede registrieren. Auf Gefühlsregungen der Mutter reagiert es zum Beispiel mit steigender Bewegungsaktivität oder Beruhigung, wie alle Mütter schildern.

Rund um die Geburt sind bei Mutter und Kind besonders die Hormone Oxytozin, Prolaktin und Endorphine nachzuweisen (Geisel, 1997), aber auch Adrenalin, wenn die Mutter Angst hat. Während der Schwangerschaft bekommt das Kind sie über die Plazenta, beim Stillen werden sie mit der Muttermilch aufgenommen.

Erfahrungen des Kindes aus der Zeit vor, während und nach der Geburt werden im Gehirn gespeichert, und sind zum Teil bis ins Erwachsenenalter erinnerbar (Verny, 1992). Mit Hilfe der Nervenbahnen geschieht zunächst auf sehr einfacher Stufe die Verknüpfung von Sinnesorganen mit dem Gehirn, zunehmend kommen noch Informationen von ausführenden Organen hinzu, die gemeinsam mit den anderen Signalen zentral (im Gehirn) verrechnet werden.

Wieviel Einfluß die beiden Partner während der Schwangerschaft aufeinander haben, können Sie daran sehen, wieviel solch eine Schwangerschaft bei der Mutter in Unordnung bringt: Manchen Frauen ist in den ersten Wochen schlecht, andere haben Gestose (eine Erkrankung, die u. a. mit hohem Blutdruck einhergeht), andere leiden unter vorzeitigen Wehen. Die jeweiligen Hintergründe liegen in den meisten Fällen im sozialen Umfeld der werdenden Mutter. Das Kind «schafft» es durch seine Anwesenheit, wenn zum Beispiel die Mutter vorzeitige Wehen bekommt, sie darauf aufmerksam zu machen, daß sie mehr für sich sorgen muß, und daß vielleicht der werdende Vater sich ihr mehr zuwenden sollte, sie umsorgen und entlasten sollte. Nehmen die Mutter und der Vater die Signale ernst und verhalten sich entsprechend, hören die Wehen wieder auf. Tun sie es nicht angemessen, dauern die Wehen an. Vorzeitige Wehen können zur Frühgeburt führen, da sie sich auf das Befinden des Kindes im Mutterleib auswirken können. Seine optimale Versorgung ist gestört. Das Kind löst die Wehentätigkeit der Mutter aus (Verny, 1992).

## Die menschlichen Grundbedürfnisse im Alltag mit dem Baby

Bei höheren Tieren und dem Menschen sind die Bedürfnisse nach Sicherheit und das Nahrungsbedürfnis wichtig. Wenn man sich sicher fühlt, kann man gut essen (Restaurantplätze am Rand, bei denen der «Rücken geschützt» ist, sind beliebter als mittendrin). Erst nach der Mahlzeit – und ggf. der Reinigung – beginnen Tier- und Menschenkinder zu spielen.

Weitere spezifisch menschliche Bedürfnisse sind die nach Zuwendung oder Beachtung, Körperkontakt, Sinnesanregung und danach, die Zeit auf bestimmte, festgelegte Weise zu verbringen. Diese Bedürfnisse des Säuglings werden im Körperkontakt mit der Bezugsperson verstanden und zufriedengestellt.

Zum Beispiel werden sie befriedigt, wenn ein Erwachsener das Baby auf dem Arm hält, mit ihm redet, es dabei schaukelt oder rhythmisch bewegt: Es ist in körperlicher Nähe und Beziehung zu dem Erwachsenen und verbringt die Zeit mit ihm. Dieser wendet sich ihm zu, die kindlichen Sinne werden durch das Hochnehmen angeregt. Darüberhinaus ist gewährleistet, daß jede Gefahr abgewendet werden kann und Hungersignale verstanden werden.

Sie haben bestimmt auch schon erlebt, wie Eltern dies «automatisch» tun, zum Beispiel, wenn Sie einer Mutter oder einem Vater auf der Straße zusehen, die mit Bekannten sprechen, und deren Kind im Tragetuch unruhig wird: Sie oder er beginnt zunächst, hin und herzuwippen, was heftiger wird, falls das Baby keine Ruhe gibt. Wenn dies noch nicht hilft, unterbricht Mutter oder Vater das Gespräch, schaut das Kind an und spricht mit ihm in der vertrauten Weise mit erhobener Stimme und rhythmischen Lauten. Das Kind hat somit die von ihm gewünschte Beachtung in Form positiver Zuwendung erhalten.

Ohne Bezugsperson und Ansprache würden Kinder eingehen, wie die Versuche von Kaiser Friedrich II. bewiesen, die er an Kindern machte, als er erforschen wollte, welche Sprache Kinder von sich aus sprechen würden. Die Pflegerinnen fütterten und wickelten die Kinder, wendeten sich ihnen aber sonst nicht zu und sprachen nicht mit ihnen. Alle Kinder starben in früher Jugend. Auch Kaspar-Hauser-Kinder zeigen, welche Einschränkungen das Fehlen menschlicher Zuwendung und Anregung zur Folge hat.

Ähnlich der geschilderten intuitiven Beelterung ist auch unsere Art, die Bedürfnisse eines Säuglings angemessen zu befriedigen, meistens ohne nachzudenken spontan möglich. Sie ist ein Bestandteil des intuitiv elterlichen Verhaltensrepertoires des Menschen. Und auch hierbei fließen Erfahrungen aus der Zeit unseres Heranwachsens ein, um die angeborenen Fähigkeiten zu entwickeln und zu fördern.

Kinder wie Erwachsene streben nach Erfüllung ihrer Grundbedürfnisse.

### Das Bedürfnis nach Zuwendung und unsere Lebensgrundeinstellung

Andere Worte für Zuwendung sind Beachtung, Bestätigung, Aufmerksamkeit, Wertschätzung oder Anerkennung, ebenso Liebe, Fürsorge, Lächeln, liebevolle Gesten. (Marwedel, 1996).

Sicher kennen Sie das Gefühl, wenn jemand Sie liebevoll ansieht oder zu Ihnen sagt: Ich liebe dich! Das spürt man ganz warm tief drinnen, sagte einmal eine Mutter. Das zu hören tut gut! Mit dieser Aussage bekommen wir bedingungslose Zuwendung – einfach nur für unser Dasein.

Eine weitere Form der Zuwendung ist diejenige, die an Bedingungen geknüpft ist, indem sie dafür gegeben wird, daß wir etwas gut gemacht haben: Ein anerkennendes Nicken oder ein Satz «Das Bild hast du aber schön gemalt!» Man bezeichnet dies als bedingte Zuwendung – wir bekommen sie dafür, daß wir etwas getan haben.

Üblicherweise verknüpfen Menschen den Begriff Zuwendung mit einer positiven Erfahrung. Daher wird das bisher Genannte auch als positive Zuwendung – für Dasein oder Tun bezeichnet.

Wir alle kennen aber Erfahrungen von negativer Zuwendung in mindestens vergleichbarem Maß: Ein abschätziger Blick oder ein verächtliches Verziehen des Gesichts oder Worte: Du bist bescheuert! Oder: Wenn du nicht da wärst, dann. . .! Wir nennen dies negative Zuwendung für Dasein oder unbedingte negative Zuwendung, und sie berührt uns genauso tief wie positive Zuwendung.

Wenn wir Fehler gemacht haben, so hören wir auch als Erwachsene unsere Eltern in Erinnerung noch schimpfen: Das hast du aber schlecht gemacht! Hättest du nicht schöner schreiben können?! Dies wird als negative Zuwendung für Tun oder bedingte negative Zuwendung bezeichnet.

Manche Kinder bekommen wenig positive Zuwendung in Form von Gefühlen, Gesten oder Worten als Zeichen, geliebt zu werden oder in Form eines Lobes, wenn ihnen etwas gelungen ist. Viele Eltern denken, daß diese Dinge ja «selbstverständlich» seien oder die Kinder sonst sich etwas einbilden würden. . . Diese Kinder werden dann ausprobieren, wie sie die Beachtung ihrer Eltern auf jeden Fall bekommen können. Vielleicht schreien sie viel, schlafen eventuell schlecht, stören als Größere oder machen Dinge kaputt. Die Erwachsenen reagieren bald empfindlich oder ärgerlich darauf. Das Kind hat auf diese Weise Zuwendung und Beachtung erhalten, allerdings negative. Sollte es diese Form der Aufmerksamkeit leichter von seinen Eltern bekommen als positive, so lernt es schnell, sein Verhalten gezielt einzusetzen. Man weiß ja, daß Kinder, auch wenn sie geprügelt oder mißhandelt werden, ihre Eltern nicht verlassen würden, sondern alles hinnehmen und froh sind, überhaupt beachtet zu werden.

## **Zuwendungsarten** (nach P. und D. Noelle, Emmendingen)

Anregung für Eltern: **Wie gehe ich mit Zuwendung um:**
1. Welches ist Ihre bevorzugte Art, Zuwendung/Anerkennung/Beachtung von andern zu **bekommen?**

| durch: | Nettsein | Tüchtigkeit | Hilflosigkeit | Kritische Äußerungen |
|---|---|---|---|---|
| von meiner Familie | | | | |
| von meiner/m PartnerIn | | | | |
| von KollegInnen/NachbarInnen | | | | |
| von FreundInnen | | | | |
| von Respektspersonen | | | | |

- Was erfahren Sie dadurch über sich?
- Welche Art von Zuwendung mögen Sie besonders gern? von wem? (Streicheln, Worte, Gesten. . .)
- Bekommen Sie die Zuwendung, die Sie brauchen?

2. Welches ist Ihre bevorzugte Art, Zuwendung zu **geben:**
Gehen Sie in Gedanken die letzten zwei Tage durch und überlegen für die nachfolgende Tabelle, wie häufig Sie positive, negative oder gar keine Zuwendung gegeben haben
(3 = häufig, 2= weniger, 1= selten/nie):

| | positive | negative |
|---|---|---|
| keine | | |
| meiner Familie | | |
| meinem/er PartnerIn | | |
| meinen KollegInnen/NachbarInnen | | |
| meinen FreundInnen | | |
| Respektspersonen | | |

Was schließen Sie daraus?
Tauschen Sie sich darüber mit einer Person Ihres Vertrauens aus.

Wie wir den Umgang mit den verschiedenen Zuwendungsarten als Kinder lernten, so wenden wir ihn als Erwachsene mit Kindern oder Erwachsenen an. Wir können aber jederzeit neue Umgangsformen lernen und ausprobieren.

In der Zuwendung zeigt sich die Beziehung («Zuwendung ist Beziehung in Aktion»). Manche Beziehungspartner gehen liebevoll miteinander um, andere wollen immer etwas voneinander oder wirken unzufrieden, wieder andere streiten, oder sie schweigen.

Anregung für Eltern: **Unser Umgang mit dem Grundbedürfnis nach Zuwendung**

Während des Heranwachsens haben Sie erlebt, wie Ihre Eltern Ihnen Zuwendung (auch als Beachtung, Aufmerksamkeit oder Anerkennung bezeichnet) gaben, welche Art von Zuwendung Sie leicht bekommen konnten, welche nicht so leicht, wie Mutter und Vater damit anders umgingen als Erzieherinnen oder LehrerInnen. In Ihrem Lebensdrehbuch steht dann vielleicht zum Beispiel:«Gib keine Zuwendung» oder «Frage nie nach Zuwendung» oder: «Zeige nicht, daß Du Zuwendung gern hast» oder «Lehne Zuwendung, die Du nicht magst (z. B. die Küsse der Tante) nicht ab» oder «Lobe Dich nicht selbst».
In der unten aufgeführten Liste sind ähnliche Aussagen zu lesen.

Gibt es eine oder mehrere dieser Aussagen, die Ihnen sehr vertraut vorkommen?

**Der Zuwendungshaushalt**
– eine «Streichelsparwirtschaft»
Thesen nach Claude Steiner:

**Bitte nicht um Zuwendung**
«Sei bescheiden. . ., sei nicht so maßlos. . ., Zuwendung, die nicht von selbst kommt, gilt nichts. . .»
**Gib anderen keine Zuwendung**

«Das ist doch selbstverständlich. . ., Lob macht eingebildet. . .»

**Gib Dir selbst keine Zuwendung**

«Eigenlob stinkt. . .»

**Lehne keine Zuwendung ab**

«Nimm, was kommt. . ., sei nicht so überheblich, zurückzuweisen, was Du kriegst. . .»

**Nimm keine Zuwendung an**

«Das war ja nichts besonderes. . ., das hätte ja jeder getan. . .»

Wie wäre es, wenn Sie die Aussagen positiv wenden würden oder das «nicht» oder «kein» durchstrichen und mit dieser neuen Formulierung im Alltag Erfahrungen sammelten – mit dem Partner oder Freunden. . .?

## Lebensgrundeinstellungen:

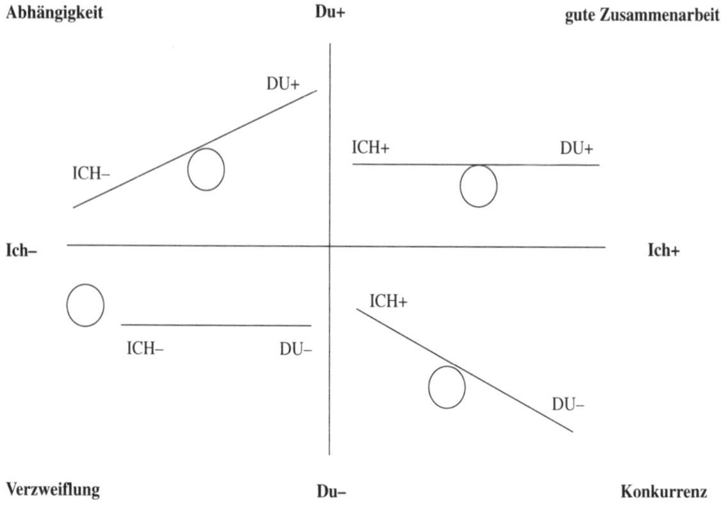


In der Beziehung zeigt sich neben der Art, mit Zuwendung umzugehen, auch die Lebensgrundeinstellung zu uns selbst und anderen Menschen.
Die Haltung «Ich mag mich, und ich mag dich auch» (Ich+/Du+), ist eine Lebenseinstellung, die sich selbst und anderen Menschen gegenüber Wohlwollen und Gewährenlassen ausdrückt und jemanden in seinem «So-Sein» annimmt. In ihr kann eine Beziehung gedeihen, der einzelne sich geachtet fühlen und seine Fähigkeiten zeigen, ohne sie einschränken zu müssen. Sie fördert Zusammenarbeit.

Die Haltung «Ich mag mich nicht und ich kann nichts, aber der oder die andere(n) sind super» (Ich-/Du+) zeigt ein geringes Selbstwertgefühl und ein Ungleichgewicht zwischen der Selbsteinschätzung und der Einschätzung anderer Menschen. Deren Fähigkeiten und Möglichkeiten werden gegenüber den eigenen überhöht wahrgenommen, was zur unkritischen Anpassung an Forderungen anderer führt und sich einschränkend auf das Wohlbefinden und die Zusammenarbeit in einer Beziehung auswirkt.

Die Haltung «Ich mag mich, kann alles besser und bin super, aber die anderen taugen nichts» (Ich+/Du-) ist eine einsame Position, da andere geringschätzig, von «oben herab» beurteilt werden. Die Selbsteinschätzung entspricht oft nicht der Realität, der Kontakt zu anderen wird durch diese Haltung schwer. In Beziehungen entsteht leicht eine Konkurrenzsituation.

Die Haltung «Ich mag mich nicht, ich kann auch nichts, und die anderen sind auch blöd» (Ich-/Du-) ist eine einsame, erschreckend bedrückende Lebenseinstellung, die ein Mensch über längere Zeit gar nicht ertragen kann. Beziehung ist fast nicht möglich, auch wenn der andere guten Willens ist, denn mit dieser Lebenseinstellung kann der Mensch die Bemühung eines anderen nicht positiv wahrnehmen.

Im Laufe unseres Lebens machen wir in Beziehungen eine Reihe von Erfahrungen aus allen genannten Bereichen. Meistens überwiegen schließlich die Erlebnisse aus einem Bereich etwas gegenüber den anderen. Im Idealfall haben wir die meisten Begegnungen mit Menschen gehabt, die eine positive Haltung sich selbst und anderen gegenüber hatten, so daß wir diese auch für uns gewinnen konnten.

Im Umgang mit unseren Kindern können wir unsere Lebensgrundhaltung positiv zeigen, indem wir ihre Fähigkeiten, Wünsche und Bedürfnisse ernstnehmen und angemessen darauf eingehen. Hilfreich ist gleichermaßen, auch die eigenen Bedürfnisse zu beachten und seinen «Streichelhaushalt» zu überprüfen. Eltern, die ebenfalls für sich sorgen und denen es gutgeht, sind eher entspannt und ausgeglichen. Sie können dies und ihre Freude am Leben in die Beziehung zu ihren Kindern und zu ihrem Partner oder ihrer Partnerin hineintragen und das Leben mit dem Kind genießen.

Anregung für Eltern: **Die Lebensgrundeinstellungen im Alltag**

Wählen Sie aus Ihrer Umgebung eine Person aus, mit der Sie öfter zu tun haben. Nun überprüfen Sie einige Tage lang: Wie fühle ich mich meistens dieser Person gegenüber:

(+/+): Fühlen Sie sich meistens von ihr unabhängig und erkennen sie an, so wie sie ist?

(+/–): Wollen Sie sie ändern, weil Sie die besseren Ideen haben oder sich überlegen fühlen?

(–/+): Kann sie über Sie bestimmen, fühlen Sie sich unterlegen?

(–/–): Finden Sie sie immer wieder «völlig unmöglich» und beschimpfen sich gleichzeitig deswegen oder sind verzweifelt?

Sollte Ihnen auffallen, daß Sie die –/– Position häufig erleben, so sprechen Sie darüber mit einer Person Ihres Vertrauens. Ich würde zu einer fachlichen Begleitung raten.

Beobachten Sie Ihr Kind. Wie wohl fühlt es sich mit Ihnen, wie Sie sich mit ihm? Trauen Sie ihm, so klein wie es ist, eigene Kompetenz zu und behandeln es angemessen, so gut Sie können?

Oder meinen Sie, Eltern wissen alles besser, beziehungsweise: mit Babies kann man erst etwas anfangen, wenn sie reden können?

Oder kommt Ihnen manchmal der Gedanke: Das Kind hat uns voll im Griff, da kann man nichts machen?

Oder sind Sie verzweifelt, weil Ihr Kind nicht zufrieden ist, weint oder schlecht schläft, und auch Sie nicht zur Ruhe kommen, müde, gestreßt oder unglücklich sind, so daß keiner Ihnen helfen kann?

Im letzteren Fall rate ich Ihnen, das Gespräch mit einer Fachperson zu führen. In den anderen Fällen genügt wohl Ihre Wachheit für die Themen, Ihre Bereitschaft zur Veränderung und der Austausch mit Ihrem Partner oder Ihrer Partnerin.

## Erlaubnisse und Grenzen

Bereits in den vorherigen Kapiteln war von Begrenzung und Grenzen die Rede. Gerade im Zusammenhang mit Zuwendung ist dieses Thema wichtig. Am besten können wir uns dem Thema nähern, wenn wir das Gegensatz-Paar: Freiraum und Grenzen (Rohr, 1998) betrachten.

Kinder fordern uns heraus. Sie wollen von uns verstanden werden, wollen lernen, wie die Welt für sie ist, wollen unsere Reaktionen auf ihr Verhalten immer wieder überprüfen, um selbst daraus zu lernen. Gleichzeitig ist ihr Wunsch nach Verläßlichkeit und Sicherheit groß, und sie wollen sich selbst ausprobieren im Kontakt mit uns. Sie möchten etwas bewirken lernen, ohne dabei den Kontakt und die Sicherheit zu verlieren.

Bei uns Erwachsenen klingen Worte an wie Konsequenz, Rigidität, Angemessenheit unseres Handelns, aber auch Nachgiebigkeit, Unsicherheit und ähnliches. Ein Glück, daß es dieses intuitive Elternverhalten gibt!

Spätestens wenn unser Kind uns herausfordernd ansieht und zum -zigsten Mal das Spielzeug herunterwirft, entsteht die Frage: was nun? Hebe ich es nicht auf, so weint es, hebe ich es auf, fühle ich mich ausgenützt oder werde ärgerlich.

Es entsteht der Anlaß, Neinsagen zu lernen.

Am besten klappt das, wenn ich dem Kind zutraue, daß es meine Beweggründe versteht (was auf jeden Fall so ist), ferner, daß es ein Recht hat, meine Entscheidung nicht gut zu finden und sich beschweren darf, und ich deswegen doch keine Rabenmutter oder kein Rabenvater bin.

Die innere Haltung dem Kind gegenüber lautet: ich mag dich und deshalb bringe ich dir etwas bei, nämlich ich zeige dir, daß mir dein Tun nun nicht mehr gefällt. Diese Art von Beachtung des Kindes wird als «okay-kritische Zuwendung» bezeichnet, die aus der Grundeinstellung: «Du bist in Ordnung, und ich darf dein Handeln beenden wollen, ohne mich schlecht zu fühlen» (+/+), gegeben wird.

Verbinde ich meinen Unmut über das fortdauernde Herunterwerfen und meine Forderung an das Kind, dieses zu beenden in freundliche Worte «Jetzt ist es genug, mein Schatz!», dann gebe ich dem Kind gemischte Zuwendung (negative und positive). Diese wird von Kindern leichter angenommen, denn sie fühlen sich nach wie vor geliebt (+/+), was bei einem harschen «Schluß jetzt!» nicht mehr der Fall ist. Aus kindlicher Sicht ist es ohnehin schwer zu verstehen, warum Mutter oder Vater eben noch so schön mit ihm gespielt haben und nun nicht mehr weitermachen wollen.

Der Auslöser für den Spielabbruch war der auffordernde Blick: na, was sagst du jetzt? – nachdem das Kind sicherlich die aufkommende Unlust der Elternperson schon gespürt hatte. Das Bedürfnis nach einer Machtprobe war ganz deutlich. Somit ist es passend, auch mit einer Grenzsetzung zu reagieren. Für das Kind ist so letztlich alles in bester Ordnung, denn es dient seinem Sicherheitsbedürfnis, wenn die Eltern das Sagen haben, und es hat die von ihm eingeforderte Information über das, was es darf und was nicht – über seine «Welt» – erhalten. Seine Welt hat einen Rahmen, und das wirkt beruhigend auf das Kind.

Kinder nehmen Stimmungen sofort wahr und reagieren darauf, so daß wir schnell auf dem Prüfstand stehen. Wir können deshalb aber auch ganz viel von ihnen lernen, was sie uns unvermittelt und ohne Scheu zeigen.

Wenn wir im Alltag achtsam auf die kindlichen Signale reagieren, dann fühlen wir uns recht oft zu einer Begrenzung von kindlichen Wünschen aufgefordert, wenn das dafür passende Alter erreicht ist. Die Entwicklungsaufgabe lautet: Lernen, wie ich mit meinen und den Wünschen anderer umgehe, und wie ich Konflikte löse – möglichst auf eine gute Art.

## Können wir Babies verwöhnen?

Woran erkenne ich aber, ob ich mein Kind richtig behandele oder es verwöhne? Kann man Säuglinge überhaupt verwöhnen? Das sind oft gestellte Fragen.

Was verstehen wir unter «Verwöhnen»?

In meinem Verständnis heißt Verwöhnen, dem Kind etwas zukommenlassen, das eigentlich nicht nötig wäre: «zuviel des Guten». Meistens wird etwas Unangemessenes verstärkt – zum Beispiel, weil dadurch ein Grundbedürfnis befriedigt wird.

Verhaltensbiologisch betrachtet ist es eine Dressur, die ein Verhalten aufgrund einer Belohnung (hier selten: Bestrafung) festigt. Das Verhalten und die Belohnung liegen zeitlich ganz eng beieinander: zum Beispiel die Sofortbefriedigung von Wünschen.

Spontan sage ich: Babies kann man nicht verwöhnen, man kann sie aber unangemessen behandeln. Das gilt zumindest, bis sie zielgerichtet handeln können, etwa bis zum Wegkrabbeln. Dann ist es nötig zu prüfen, ob Kinder in der Situation etwas lernen, das wir lieber nicht «andressieren» wollen. Die immer wiederkehrende Gratwanderung der Erziehung oder Begleitung unserer Kinder heißt, herauszufinden, was angemessen ist. Anders ausgedrückt, was paßt zum Können, zum Alter, dem Entwicklungsstand des Kindes, und was paßt zu mir und meinen Erziehungsvorstellungen? Nehme ich dem Baby eine Fertigkeit ab, über die es bereits selber verfügt und entmündige es dadurch, traue ich ihm etwas zu, oder überfordere ich es?

Womit wir Kinder nie verwöhnen können, ist positive Zuwendung dafür, daß sie da sind, – solange wir sie ehrlich meinen. Künstliche Anerkennung spüren sie schnell. Das wird sie verunsichern, so wie es uns Erwachsene ebenfalls verunsichert, wenn wir sie bekommen (Beispiel: Du hast aber ein schönes Kleid! – eigentlich findet man, es steht der anderen gar nicht), weil meistens ein Abwertung darin spürbar wird.

Anregung für Eltern: **Wickeln in Zusammenarbeit mit dem Kind**

Die vielen Alltagshandhabungen bieten Ihnen immer neue Möglichkeiten, dem Baby eigenes Können zuzutrauen und ihm Raum zu geben, es auch zu zeigen.

Beim Wickeln ziehen Sie Ihr Kind an und aus. Nehmen Sie sich wieder Zeit. Nun prüfen Sie schon beim ganz kleinen Kind, was geschieht, wenn Sie beim Ausziehen der Strampelhose diese soweit herunterlassen, daß das Kind mithelfen kann, das Beinchen selbst herauszuziehen, während Sie die Hose halten. Natürlich funktioniert das nur, solange Ihr Kind gut gelaunt ist. Sie werden erleben, daß Sie diese kleine Mithilfe bekommen. Umgekehrt klappt das auch: Strampler-Bein an den kleinen Fuß halten und warten, bis Ihr Sohn oder Tochter das Bein hineinschiebt. Bestimmt wird Sie das freuen. Zeigen Sie das ruhig. Ihr Kind hat nun gelernt, daß es etwas mit seinem Tun bewirken kann.

Sogar beim Auf-den Bauch-Wenden können Sie Ihr Kind beteiligen:

Je jünger Ihr Baby ist, desto leichter wird es das lernen. Halten Sie Ihrem Kind den Finger hin. Wenn es zupackt (am Anfang dürfen Sie Ihren Finger in die Faust hineinlegen), dann ziehen Sie die kleine Hand über die Brust zur anderen Schulter hin und solange weiter, bis entweder Ihr Kind losläßt oder auf dem Bauch landet. Für Sie selbst entlastet es Ihren Rücken, da Sie es an dieser Stelle nicht mehr hochheben. Probieren Sie, ob Ihr Kind mitmacht, denn nicht alle tun es.

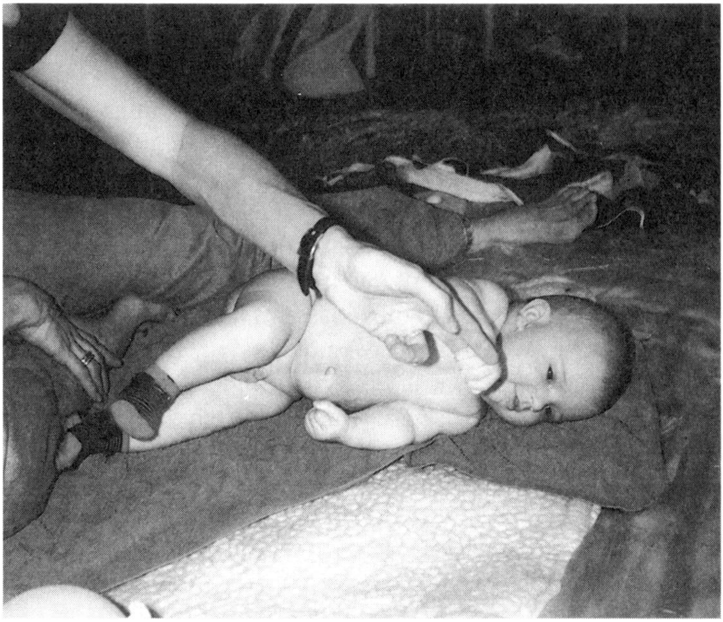

*Abbildung 23: Beim Umdrehen beteiligen. Wenn das Kind sich am Finger der Mutter festhält, kann sie es bis zur Bauchlage führen.*

## Rhythmisches und zyklisches Geschehen in der kindlichen Entwicklung

*Wachstum und Entwicklung verläuft in Zyklen und Rhythmen. Für Eltern mag das Wissen darum eine Hilfe sein, manchmal die Geduld nicht zu verlieren.*

*Die Grundzüge heißen: Entwicklungsschübe wechseln mit scheinbarer Stagnation ab.*

Besonders gut läßt sich das beim Wachstum der Babies beobachten: Zunächst essen und essen sie, man sieht kaum etwas. Dann füllen sich die Arme und Beine, der Hals, das Kinn und der Körper. Überall sind Ringelchen zu sehen. Bald darauf kommt uns das Kind wieder ganz dünn vor, obwohl die Waage Zunahme anzeigt. Nach einiger Zeit sind erneut ein breiterer Bauch und Ringelchen da. Die Strampelhosen zeigen es: das Kind ist gewachsen, zuerst in die Breite, anschließend in die Länge, wieder in die Breite und so weiter.

Die Kinder selbst zeigen uns im Alltag, daß Rhythmen wichtig sind: Die Beruhigung des Babies geschieht durch rhythmisches Schaukeln, Schuckeln (kurzes energisches Rauf und Runter) oder Wiegen. Es selber nimmt den Daumen, das Nuckeln ist rhythmisch. Beim Saugen an der Brust gilt dasselbe, darum schlafen die Kleinen so gern dabei ein. Durch diese rhythmischen Handlungen wird im Körper die Ausschüttung von Endorphinen veranlaßt, die den Organismus beruhigen.

Das Heile-Segen-Lied als Trösteritual beruhigt gleichermaßen.

Andere Rhythmen im Leben des Kindes kennen Sie. Den Tag-/Nachtrhythmus, den Eßrhythmus, den Schlaf-/Wachrhythmus. Die Tatsache, daß diese Rhythmen existieren, zeigt an, daß Kinder sie entwickeln können, sie sind biologisch darauf vorbereitet. Für manchen dieser Entwicklungsschritte ist die körperliche Reifung die Voraussetzung. Bei allen genannten ist eine äußere Unterstützung durch passende Angebote der Eltern nützlich. Für diese bedeutet es, daß sie ihrem Kind einen Eßrhythmus «zumuten» können, genauso wie einen Schlafrhythmus.

Das Füttern nach Bedarf wurde bereits erwähnt. Der Vorteil ist, daß den inneren Bedingungen des Kindes gemäß dann Nahrung gereicht wird, wenn der Hunger auch da ist. So lernt das Kind, wie sein Bedürfnis nach Essen angemessen befriedigt wird. Nachteilig ist nur, daß es sehr schwierig herauszufinden ist, ob nun wirklich Hunger oder ein anderes Bedürfnis eine Rolle spielt, wenn das Kind weint. Die Kenntnis von einem Eßrhythmus macht es uns möglich, genau zu lernen, wie dieser Rhythmus bei unserem Kind aussieht. Wir können mit einer Zeitvorgabe von etwa dreieinhalb Stunden beginnen, ihm die Mahlzeiten anzubieten, sofern wir nicht ausschließlich nach Bedarf füttern wollen. Meistens weichen Babies selbst kaum davon ab. Haben wir den individuellen Rhythmus gefunden, können wir ihn zum Abstand zwischen zwei Mahlzeiten erklären und ihn durch unser aktives Handeln einhalten. Das Baby gewöhnt sich an die Abstände, die es mit zunehmendem Alter schließlich selbst einfordert. In jedem Fall hilft die Kenntnis des Rhythmus, um zum Beispiel zu entscheiden, dass es nicht Hunger sein kann, wenn das Baby weint, die Zeit ist noch nicht soweit, falls wir die Bedeutung des Weinens einmal nicht sicher verstehen können.

Parallel dazu erfolgt der Milcheinschuß rhythmisch, etwa wenn das Baby einmal länger schläft als üblich. Die Frauen wachen nachts sogar in den eigentlich üblichen Stillabständen auf. Selbst, wenn das Baby gar nicht da ist, zeigt der Milchfluß die Nähe der nächsten Stillmahlzeit an.

In der Verhaltensentwicklung können Sie ebenfalls Zyklen und Rhythmen beobachten. Wie schon oben beschrieben, zeigen Kinder neu entwickelte Verhaltensmuster wiederholt, um sie zu üben. Diese Form des Lernens, das Wiederholen, geschieht rhythmisch. Die Lernschwerpunkte liegen – ungefähr nacheinander – in verschiedenen Verhaltensbereichen und wechseln sich ab. Gut geübtes Können wird scheinbar ganz «vergessen», aber lange Zeit später perfekt wieder gezeigt, wenn etwas anderes Neugelerntes gut klappt.

Schließlich sei noch einmal an das Wippen beim Sich-Aufrichten erinnert, das die Kinder immer wieder im Wechsel mit Innehalten und Nachspüren zeigen. Ähnlich geschieht es bei weiteren Entwicklungen der Bewegung. Es dient in diesen Fällen der Nervenbildung, beziehungsweise der Nervenvernetzung im Gehirn. Wir nennen das: Üben.

Das Zahnwachstum ist ein weiteres Beispiel. Am Ende des ersten Vierteljahres, wenn die Kinder ihre Hand in den Mund führen können, wird vermehrt Speichel aus dem Mund fließen. Meistens fällt diese Zeit zusammen mit nächtlicher Unruhe, ersten Bindungsprüfungen (wie sicher kommt Mama oder Papa), einem Wachstumsschub, der den Appetit steigen läßt – oft gleichzeitig ändert sich die Muttermilchzusammensetzung. Dabei wird vorübergehend die Milch weniger, was wieder mehr Hunger des Kindes zur Folge hat und die Unruhe steigert. Die Schilderung der Eltern lautet dann meistens: Unser Kind zahnt.

Wahrscheinlich handelt es sich dabei um einen ersten der vielen noch folgenden Wachstumsschübe, die auch rhythmisch auftreten. Das Zusammentreffen mit all den anderen Entwicklungsvorgängen macht es schwer, dies zu erkennen. Zähne kommen zwischen null und zwei Jahren, sagte einmal ein Zahnarzt. Bei jedem Zahnwachstum stecken die Kinder wieder vermehrt die Hände in den Mund, der Speichel fließt. Sie massieren sich die Zahnleiste und testen – zuerst wieder am eigenen Körper –, wie das Beißen und Kauen mit den Kiefern geschieht, wie es sich von innen und an der Hand anfühlt. So bekommen sie, entsprechend der schon genannten Beispiele (u. a. beim Greifen), von verschiedenen Sinnen Informationen, um die Verknüpfung im Gehirn möglich zu machen.

Wenn Kinder ihre Bindung an die Eltern überprüfen, so geschieht auch dieses rhythmisch oder zyklisch: Phasen des Prüfens wechseln ab mit solchen des Sich-selbständig-Machens. Ein Kleinkind, das Krabbeln gelernt hat, kann nun hinter der Mutter herkriechen, wenn es Kontakt möchte. Anfangs tut es das, wann immer die Mutter das Zimmer verläßt. Sehr bald aber geschieht das nicht mehr, und es ist nun die Mutter, die merkt, daß ihr Sprößling gar nicht da ist. Meistens geht dann sie nach ihm gucken. Manche Mütter haben aber auch nicht das Vertrauen in ihr Kind, es würde von selbst wieder die Nähe der Mutter aufsuchen. Läßt man ein Kind sich entfernen, weiß man, daß ihm nichts geschehen und es auch nichts anstellen kann, dann wird es bald von selbst wieder nach der Mutter schauen kommen. Phasen der Erkundung und Distanz wechseln ab mit solchen von Nähe und Kontakt. Zuviel hinter ihm herzulaufen, macht es für das Kind nicht mehr nötig, sich selber um den Kontakt zu kümmern und zurückzukommen. Und das Zurückkehren ist ein weiterer wichtiger Lernschritt. Welche Ausmaße solche Überfürsorge annehmen kann, wird zum Beispiel daran deutlich, daß in Kindergeschäften eine lange Kette zum Verkauf angeboten wird, bei der an jeder Seite ein Armband befestigt ist. Elternteil und Kind binden es um das Handgelenk, damit das Kind den Eltern nicht weglaufen kann.

Unser Bedürfnis danach, die Zeit einzuteilen, hängt eng mit dem rhythmischen Geschehen in der Entwicklung, im Verhalten und in der Tageseinteilung zusammen. Begleitungen des Kindes durch die Eltern, die dem Kind Rhythmus in Form von Verhaltens- oder Tagesstrukturen vorgeben, befriedigen dies Grundbedürfnis. Vielleicht sind deshalb Rituale auch so hilfreich.

Wenn wir ein Baby beobachten, sehen wir es im Wechsel Dinge erkunden und rhythmisch bewegen, bald kommen Laute gleichermaßen dazu. Schon unser Ausdruck «Plappern» beschreibt lautmalerisch den Vorgang. Der Weg zur Sprache beginnt ebenfalls so.

Der nonverbale wie vorsprachliche Austausch zwischen Babies und Erwachsenen folgt auch dem rhythmischen Prinzip. Alle Babylaute sind – genau wie die Babysprache der Eltern – ein gleichsam singendes Wiederholen von Lauten und Silben.

In Spielen und Reimen wird seit alter Zeit mit Rhythmus gearbeitet. Greifen wir das als Eltern auf, kommen wir den kindlichen Wünschen und Fähigkeiten entgegen und unterstützen die Bewußtwerdung von Rhythmus. Reime zu lernen, fällt Kindern und Erwachsenen viel leichter, als einen zusammenhängenden Text. Das Klatschen oder Klopfen dazu macht Spaß, sodaß man leichter lernen kann. Es werden dabei nicht nur das reine Wissen vermittelt, sondern Lernen auf körperlicher Ebene mit mehreren Sinnen bildet parallele Erinnerungsspuren im Gehirn. Jedem ist die Situation vertraut, daß ein Geruch oder ein Laut genauso wie ein Bild einem ganze

Ereignisse in Erinnerung bringt, bei denen ähnliches wahrzunehmen war. Manche Erwachsene bewegen sich, gehen umher oder ähnliches, wenn sie etwas lernen wollen. Früher war es in der Schule bei uns üblich, Vokabeln gemeinsam aufzusagen, was einem rhythmischen Singsang glich, denn so wurden sie besser behalten. Diese Kenntnisse werden bei der Entwicklung von Lernmethoden verwertet.

## Elterliche Aufgaben: Wie damit umgehen, ohne darin unterzugehen

Das Kind ist geboren, das Wochenbett vorbei, der Urlaub des Vaters zu Ende, der Alltag beginnt.

Meistens beginnt er mit der Erfahrung: wann immer die Mutter duschen will, kochen, telefonieren oder aufräumen: das Kind weint. Zielsicher scheint es zu wissen, «wann es die Mutter stören kann» (das «gemeine Kind» – die «arme Mutter»).

Langsam beginnt alles über solch einer Frau zusammenzubrechen: Der Haushalt ist nicht gemacht, der Abwasch steht unberührt, das Anziehen ist immerhin gerade so zwischendrin gelungen, zum Schminken blieb keine Gelegenheit! Nur das Kind ist optimal versorgt und betreut worden!

Womöglich rutscht dem Mann beim Heimkommen eine kleine Kritik wegen des Haushalts heraus, oder die Frau findet sich so ungeduscht und nicht geschminkt häßlich, oder das Baby schreit nun doch.

In Tränen aufgelöst, weiß die junge Mutter nicht mehr ein noch aus. Der Vater kann das alles nicht nachvollziehen, zumal vor wenigen Wochen, ehe das Baby da war, doch noch alles so gut geklappt hatte. Er wird ihr vermutlich raten, irgendetwas anders zu machen, und sie wird sich so nicht verstanden fühlen. Glück und Freude werden nicht wahrgenommen. Weiterhin herrscht Untergangsstimmung: Es ist alles so anders, als ich es mir vorgestellt hatte!

Diese Geschichte habe ich selbst erlebt und viele Male berichtet bekommen. Es kommt tatsächlich alles sehr anders, als wir uns das vorher ausgemalt hatten. Unsere Hoffnungen sind aufgrund fehlender Erfahrungen nicht sehr wirklichkeitsnahe. Und es gibt kein soziales Netz, das uns in der Situation auffangen könnte.

In den vorausgehenden Seiten habe ich viele der möglichen Auswege benannt. Hier möchte ich sie aus der Sicht der praktischen Umsetzung betrachten.

Ich greife die schwierige Anfangssituation deshalb hier noch einmal auf, weil es ein solch einschneidender Prozeß ist, das erste Kind zu gebären, kennenzulernen und mit ihm leben zu lernen. Wenn Frauen bereits Kinder haben, hilft ihnen die Erfahrung mit dem ersten Kind, diesmal die Anfangszeit anders und somit erträglicher zu gestalten.

Die besondere Situation nach der ersten Geburt ist folgende: Aus der Frau und Geliebten ist eine Mutter geworden, etwas, was sie noch nie erlebt hat. An diesen Umstand muß sich der Mann ebenso gewöhnen.

Die Umstellung vollzieht sich nicht nur äußerlich wie beim Vater, sondern auch auf der Ebene der Hormone. Durch die Veränderung des Hormonhaushaltes geschieht die körperliche Vorbereitung auf die Geburt und die Rückbildung der Gebärmutter sowie auf die Betreuung und Ernährung des Babies. Durch sie wird die Basis geschaffen für Bindungs- und Versorgungsbereitschaft: unter anderem entsteht die Fähigkeit, bei jedem Laut aufzuwachen und sofort fit zu sein, wenn das Baby die Mutter braucht, vermehrte Riechfähigkeit, Milchbildung und Milchflußreflex und vieles mehr. Sie sorgt bereits in der Schwangerschaft dafür, dem Kind die Geburtswege zu öffnen, denn die knorpeligen Verbindungen der Beckenknochen werden weich und dehnbar für den Durchtritt des Kindes bei der Geburt. Im Verlauf der Schwangerschaft gab es zwar bereits hormonell die Möglichkeit, sich an den neuen Status der Frau als Mutter zu gewöhnen, dennoch ist es eine große körperliche und seelische Umstellung. Die Verantwortlichkeit für das Baby ist zudem eine völlig ungewohnte Situation.

Auch die seelischen Veränderungen durch die Geburt des Kindes können verunsichernd und erschreckend für die Frau sein, wenn sie sie zum ersten Mal erlebt. Die intuitiven elterlichen Verhaltensweisen scheinen, wie schon beschrieben, mit einer Art Regression (Rückfall in kindliches Fühlen, Denken und Verhalten) einherzugehen. Alte Erfahrungen werden wieder berührt. Das bedeutet, daß auch alte schmerzhafte Erfahrungen wieder gegenwärtig werden, aber nicht genau benannt werden können, weil sie sich diffus auf der Gefühlsebene zeigen. Sie sind dem Bewußtsein erst mit speziellen Methoden zugänglich zu machen. Gerade Schmerzhaftes speichert unser Gehirn ganz tief im Unterbewußtsein, so daß es nur schwer abrufbar ist. Eine grundsätzliche Verunsicherung der betroffenen Frau ist die Folge.

Die entsteht aber bereits durch die uns unvertraute Regression, die mit dem Muttersein von einem Neugeborenen immer einhergeht.

Diese führt auch ohne schmerzhafte Erfahrungen zu einer vergleichsweisen Verminderung des vernünftigen Denkens zugunsten von mehr Einfühlsamkeit. Sie ermöglicht der Mutter, wie auf einer frühen Entwicklungsstufe mit dem Kind mitzuempfinden. Unser Erwachsenen-Ich wird vom kindlichen Teil in uns dominiert, mit dem die Intuition arbeitet, in dem problemlösendes Verhalten aber schwer möglich ist. So erscheinen manche jungen Mütter sehr kindhaft bedürftig – und sind es auch. Sie besitzen in dieser Befindlichkeit erhöhtes Einfühlungsvermögen in alles, was man als Neugeborenes braucht, möchte und empfindet. Die angemessene intuitive Versorgung, das heißt, das Verständnis und die Befriedigung der kindlichen Bedürfnisse ist damit biologisch sichergestellt, die Grundlage für die Mutter-Kind-Beziehung gelegt. Die Mutter-Kind-Kommunikation findet zu einem großen Teil zwischen dem Kind-Ich der Mutter und dem Kind-

Ich des Neugeborenen statt, dessen andere Ich-Zustände erst im Laufe des Lebens entstehen.

Mutter und Kind gehen mit der Geburt eine Symbiose ein (übermäßig enger Kontakt, von dem beide Partner profitieren, beim Neugeborenen ist das gesund und hilfreich). Das Kind kann jetzt weder Probleme selbst lösen, noch sich versorgen, schützen oder den Körperkontakt zu anderen aufsuchen, so daß die Mutter die Funktionen, die diese Teile beim Erwachsenen übernehmen, ersetzen muß. Das Baby hat noch keine elterlichen oder erwachsenen Strukturen oder Ich-Zustände ausgebildet. Die Mutter ist darum mit ihm in jeder Hinsicht sehr eng verbunden. Die kindlichen Bedürfnisse teilt sie, zum Beispiel das nach Sicherheit, und ist deshalb selbst sehr auf Sicherheit bedacht. Das bedeutet, sie ist recht ängstlich. Jede Frau kennt die vielen Träume von Verletzungen, Fehlentwicklungen, sogar vom Tod des Babies während der Schwangerschaft.

Manche Frauen beklagen sich, das Kind würde sie im Schlaf stören, es würde so viele Töne machen. Gerade diese Töne signalisieren aber: Es geht mir gut. Es gibt einen speziellen Schlaflaut, der das meldet. Er wird weltweit von Säuglingen geäußert und von den meisten Müttern verstanden.

Die Angst, ein Kind im Elternbett zu erdrücken, ist unbegründet, der leichte Schlaf hat auch Wachsamkeit zur Folge. So sind Frauen dann bei der Geburt zwar biologisch bestens auf das Kind vorbereitet, aber in unserer Phantasie können wir die kommenden Veränderungen nicht ermessen. Das verunsichert uns mehr, als wir es uns eingestehen.

Diese Zusammenhänge sind für viele Eltern nicht klar. Durch Miterleben der Situation bei anderen könnten wir uns am leichtesten darauf einstimmen. Die Möglichkeit haben nur ganz wenige Eltern gehabt. Ein guter Geburtsvorbereitungskurs (siehe Adressenliste Seite 188 ff.) kann wohl darüber informieren. Da es sich aber weniger um Information, sondern viel mehr um Einstimmung auf das Elternsein handeln muß, sind der Informationswirkung Grenzen gesetzt. Vieles, was gesagt wurde, hat die Frau nach der Geburt längst vergessen, da es sich um intuitive Fähigkeiten und nicht um Wissen handelt, die dann gebraucht werden.

Deshalb geraten Vater und Mutter in dieser neuen Situation mit einem Baby in Streß. Das betrifft nicht nur die Mutter aus oben beschriebenen Gründen, sondern auch den Vater, weil er seine Familie schützen möchte – gleichermaßen intuitiv wie überlegt – der Frau helfen will, aber nicht weiß wie. Von seiner Frau erfährt er eher Ablehnung seiner Ideen zur Hilfe als Freude darüber. Die Fortdauer der Schwierigkeiten verstärkt zudem den Druck, unter dem die Familie steht. Auch Angst, das Glück wieder zu verlieren, peinigt die jungen Mütter. Sie berichten zum Beispiel, wie sie wieder und wieder nachprüfen, ob das Baby noch atmet.

Erinnern wir uns an die Grundbedürfnisse: diese zu befriedigen, kann der erste Lösungsschritt sein. Sollte der Vater es schaffen, sich zurückzulehnen und zu schauen, was am dringlichsten ist (Zuspruch, in den Arm nehmen, der Mutter Rückzug und Erholung vom Kind ermöglichen u. v. m.), dann kann auch die Mutter zur Ruhe kommen und den Überblick erhalten. Es können Pläne gemacht werden, wie der Tag zu gestalten ist, z. B. mit Hilfe einer Freundin oder Verwandten (wie bei anderen Völkern auch in den ersten Wochen). Oder die Eltern können gemeinsam würdigen, wie gut doch die Mutter das Kind betreut. Sie könnten ferner herausfinden, daß kurzes Weinen nicht gleich ein Trauma erzeugt und sie ihr Baby dennoch lieben, oder dass das Kind im Tragetuch bei Tätigkeiten im Haushalt dabeisein kann.

Der erste Schritt aus dem Haus unter andere Menschen bringt dann meistens die wirkliche Besserung. Dabei wäre zum Beispiel zunächst eine Mutter-Kind-Gruppe hilfreich. Eigene Unternehmungen, Treffen mit Freunden – ohne Kind – entlasten die Mutter weiter. Sie wird herausfinden, was ihr gefällt, wie sie es mit der Versorgung des Kindes verbinden kann und wer ihr dabei noch Unterstützung gibt. So wird auch das Eltern-Paar Zeiten für sich entdecken und nutzen lernen.

Ich erlebe immer wieder, daß Frauen, die sich eine Zeit für sich selbst schaffen, aufblühen und gern zu ihrem Kind zurückkommen. Sie haben Kraft für den Alltag gewonnen. Manche besuchen sogar bald Fortbildungen, zu denen sie Mann und Kind mitnehmen. Das Baby wird vom Vater betreut, der es nur zum Stillen der Mutter bringt. Eine Mutter sagte einmal: «Am Schluß der Fortbildung wollte ich mein Kind gar nicht mehr hergeben, soviel Sehnsucht hatte ich inzwischen nach ihm.»

Verglichen zu der Situation, in der so weniges gut gelang, ist das eine wunderbare Entwicklung.

Probieren Sie aus, wie es Ihnen am besten gefallen könnte. Packen Sie es an!

Eine Situation möchte ich noch herausgreifen, die nicht so leicht vorübergeht: Es kommt nicht selten vor, daß dieser «Babyblues» der ersten Wochen andauert. Besonders wenn keine Wege der Entlastung und Beruhigung der Mutter gefunden wurden, so daß Streß und Unsicherheit bestehenbleiben und die Frau auch noch wegen zunehmend unruhiger Nächte zu wenig Schlaf bekommt, kann sie in eine extreme Überlastungssituation hineingeraten. Diese führt unter Umständen zur teilweisen Handlungsunfähigkeit. Das Kind ist vielleicht nicht mehr angemessen zu versorgen, die Mutter nicht in der Lage, angemessen auf seine Bedürfnisse einzugehen. Dadurch wird nicht nur die Frau persönlich sehr belastet, sondern auch die Beziehung zum Kind und damit dessen Bindungsfähigkeit.

Die Frau selbst kann den Ernst der Situation nicht abschätzen, sie «geht darin unter». Sie ist höchst unglücklich oder verzweifelt und glaubt auch nicht, daß ihr jemand helfen kann, denn sie glaubt, daß keiner sie mag. Dieses Bild der Depression wird von erstaunlich vielen Müttern rückblickend beschrieben, wenn sie die Zeit überstanden haben. Das Kind hatte aber währenddessen eine Mutter, die ihm oft sehr zugewandt war, wenn es ihr einigermaßen gutging, und dann wieder eine, die es nicht erreichen konnte, die seine Bedürfnisse nicht wahrnahm oder nicht wußte, wie damit umzugehen war. Das verzweifelte Gefühl der Mutter konnte das Baby spüren. Es bleibt aufgrund dieser Erfahrungen in großer Verunsicherung über die Beziehung, wird womöglich lebenslang in Beziehungen nahe und doch sicherheitshalber nicht nahe sein wollen.

Wenn die Eltern dies einmal erkannt haben, so können sie durch die kontinuierliche Pflege der Eltern-Kind-Beziehung und der Paarbeziehung dem Kind wieder Sicherheit verschaffen. Das hilft auch den Eltern. Besser finde ich es jedoch, eine wache Aufmerksamkeit am Beginn der Familienzeit zu entwickeln, damit Wünsche und Bedürfnisse der Beteiligten Raum finden, gegenseitige Achtung und Wertschätzung allen Sicherheit vermittelt und das Miteinander in der Familie stützt. Dabei hilft oft ein Stückchen Kreativität und Spaß – mehr als das, was «man» so macht – und trägt erheblich zur Problemlösung bei, da auch unser Kind-Ich, «das Kind in uns» damit zufrieden ist.

## Der Zusammenhang mit Primärprävention

Viele Menschen sind heute regelmäßige Raucher oder Alkoholkonsumenten. Kinder essen früh bereits regelmäßig viele Süßigkeiten, schauen viel zu früh zuviel fern, spielen statt mit Freunden mit dem Computer und anderes. Die Zeitungen sind voll von Gewaltmeldungen, Jugendveranstaltungen finden mit Sicherheitsdiensten statt. Es gibt kaum Menschen, die rauchen und sich Gedanken machen, warum sie das tun. Wer überlegt in unserer Zeit von Konsumfreuden, ob es denn nun auffällig oft ist, daß er sich etwas Bestimmtes kauft? Und wer denkt darüber nach, warum er sich das schon wieder kauft? Alkohol wird trotz des Jugendschutzgesetzes häufig an Jugendliche unter sechzehn Jahren abgegeben, wie eine Studie zeigte. Unsere Zeit bringt viel Ausuferndes und Gefährliches für unsere Kinder mit sich.

Wenn wir in Krabbelstuben und Kindergärten schauen, so können wir Verhalten sehen, das es auch bei Abhängigen gibt: Ein Problem wird nicht gelöst, sondern ein abweichendes, das heißt im Problemzusammenhang unpassendes Verhalten ist zu beobachten: Zwei Kinder haben ein ähnliches Bedürfnis, zum Beispiel möchten sie Aufmerksamkeit von der Erzieherin, erreichen dies aber nicht, weil noch viele andere Kinder dort sind. Das eine Kind wartet, bis es dran ist, das andere zieht sich zurück und holt sich etwas zum Essen (ausweichendes Verhalten). Zunächst ist das nicht auffällig. Sollten sich solche Situationen häufen, so entsteht die Frage, warum bleibt das Zweite nicht in Kontakt? Warum verfolgt es sein ursprüngliches Bedürfnis nicht, sondern macht etwas völlig anderes: es ißt?

Womöglich hat die Mutter es im guten Glauben, es habe Hunger, stets gefüttert, wenn es Aufmerksamkeit und Nähe wollte, so daß es gelernt hat, Essen befriedigt diesen Wunsch. Das ist eine nicht «angemessene» Bedürfnisbefriedigung.

Abhängigkeit kann aufgrund verschiedenster Erfahrungen entstehen. Unangemessene Bedürfnisbefriedigung ist eine mögliche Ursache (Haug-Schnabel, 1997).

Die Abhängigkeit entsteht erst am Ende einer ganzen Reihe von Vorstufen, während derer wir aufmerksam werden können, ob das Verhalten sich im angemessenen Rahmen bewegt. Ein Gläschen Wein am Abend ist ein Genuß, man fühlt sich nun vielleicht wohler als zuvor. Diese Erfahrung mit dem Suchtmittel Alkohol macht nicht abhängig. Manchmal trinken wir auch zuviel – ohne abhängig zu werden, wenn es nur manchmal geschieht, und nicht dazu dient, ein Problem «herunterzuspülen». Der regelmäßige, übermäßige Genuß allerdings kann dazu führen, daß die Gewöhnung an das abendliche Gläschen eintritt: Es entspannt, macht etwas lokker, das Leben schaut schon wieder besser aus. Sollte nun die Erfahrung dazukommen, daß wichtige Probleme auf einmal unwichtig werden (während diese Probleme natürlich fortbestehen, anstatt gelöst zu werden), so ist die Gefahr groß, sich immer wieder zu betäuben, um sie nicht lösen zu müssen, und so alkoholabhängig zu werden. Erschreckenderweise sinkt das Alter Alkoholkranker immer mehr, und zunehmend sind Jugendliche betroffen. Man vermutet, daß ganz frühe Erfahrungen mit dem Suchtmittel Alkohol bereits mit der Einnahme von alkoholgelösten Medikamenten einhergeht und im Sinne der Suchtprävention vermieden werden sollte. Die meisten Tropfen gibt es auch als Sirup, Tabletten oder ähnliches. Die regelmäßige Medikamenteneinnahme gilt auch als Risikofaktor. Eine ganzheitliche Gesundheitsvorsorge ist die beste Prävention.

Unangemessene oder fehlende Konfliktfähigkeit oder Suchtmittelmißbrauch – eine Vorstufe zur Abhängigkeit – ist so weit verbreitet, daß Vorbeugung heute sehr nötig ist. Ichstarke, das heißt selbstsichere Kinder lernen, angemessen mit Problemen umzugehen. Sie kennen andere Wege – auch im Bereich von gewalttätigen Handlungen.

*Die ganz frühe Form vorbeugender Arbeit wird Primärprävention genannt, da sie an den Ursprüngen beginnt. Sie hat die Entwicklung von Selbstsicherheit und Ich-Stärke zum Ziel.*

Das können Eltern tun:

(siehe Kapitel 2 und 3)

- Die Grundbedürfnisse angemessenen befriedigen,
- dem Kind etwas zutrauen,
- ihm Verantwortung für sich selbst in altersgemäßer Form übertragen,
- die positive Lebensgrundhaltung besonders in Konflikten bewußt machen und
- Zusammenarbeit anstreben,
- Probleme erkennen und Konflikte lösen,
- Achtung vor dem anderen haben,
- einen positiven Zuwendungshaushalt erreichen,
- die Vorbildfunktion ernst nehmen,

- gemeinsam Spaß haben und etwas unternehmen,
- Interesse aneinander zeigen, im Gespräch sein und einander zuhören.

Alles geht in irgendeiner Form auch bereits mit sehr kleinen Kindern. Die Säuglingszeit können die Eltern auch für sich selbst nutzen, um ihr eigenes Umgehen mit den hier benannten Erziehungsthemen zu prüfen. Sie können herausfinden, ob sie dem anderen seine Entscheidungsfreiheit zubilligen, Probleme erkennen und deren Lösung angehen und vieles mehr, wie es oben beschrieben ist oder schon an anderer Stelle zur Sprache kam.

*Durch ihr Vorbild im Umgang mit dem Kind und untereinander können die Eltern ihr Kind von Anfang an anleiten und unter Präventionsgesichtspunkten erziehen.*

# 4. Miteinander Spaß haben

## Soziales Lernen durch Spielen

Eltern müssen ihre Aufgabe ernstnehmen, das ist eine weitverbreitete Meinung.

Die Verlockung ist groß und durch entsprechende Erfahrungen gestärkt, das Erziehungsgeschäft als eine ernste Aufgabe anzusehen. Das bedeutet aber auch, daß es anstrengend ist und keinen Spaß macht.

Solange wir dem Kind in uns nicht auch einmal etwas gönnen, wird uns diese Aufgabe ziemlich auslaugen und irgendwann über den Kopf wachsen. Mißlaunigkeit, Streßanfälligkeit und der aufkeimende Wunsch, das alles loszuwerden, können die Folge sein.

Der gut gemischte Einsatz von Kreativität, Vernunft und Wertvorstellungen in der Begleitung der Kinder bis zu deren Unabhängigkeit – was über zwei Jahrzehnte dauern wird – ist der beste Wegbegleiter für die Familie.

Schauen wir uns doch an, woher der Spaß im Alltag kommen kann:

Der erste Schritt könnte sein, zu entdecken: Was macht mir denn eigentlich Spaß? Singe ich gern, lese ich gern vor oder erzähle ich lieber Geschichten? Liebe ich das Schwimmen oder die Wärme, bevorzuge ich zum Beispiel Tobespiele oder liege ich gern im Schaukelstuhl? Vielleicht gefällt mir der Pezziball, tanze ich gern?

Anregung für Eltern: **Ein Händespiel**

Kennen Sie den Reim:
Hast 'n Thaler,
geh' zum Markt,
kauf dir 'ne Kuh
und ein Kälbchen dazu,
Kälbchen hat ein Schwänzchen –
Dideldideldänzchen!

Dies Spiel können Sie mit einem ganz kleinen Kind spielen. Da es sein Händchen noch überwiegend als Faust hält, verfahren Sie bei dem Spiel etwas anders als bei Größeren. Streichen Sie bei jeder Zeile die Finger aus (bei Älteren, die die Finger bereits ausstrecken, klopfen Sie auf die Hand). Den Abschluß, das Dideldänzchen, bildet ein Krabbeln in der Handfläche.

Die ganz Kleinen reagieren, wenn auch nicht leicht zu spüren, sehr wohl auf dieses Spiel. Bald lernen sie, die Hand zu öffnen. Auf jeden Fall ist an der Aufmerksamkeit des Kindes deutlich, wie ihm die Interaktion mit der Mutter oder dem Vater gefällt. Je jünger das Baby ist, desto eher wird es ermüden und uns das Spielende über den Abbruch des Blickkontaktes mitteilen. Sein Gefühl ist: nun ist's genug. Wir Eltern können das wahrnehmen lernen. Dadurch lernen wir es auch für andere, vielleicht wichtigere Gelegenheiten kennen. Die Folge wird sein, daß wir unser Kind weniger leicht über seine Grenze hin zum Weitermachen zwingen werden. Dies stärkt wiederum dessen Eigenständigkeit und beweist unseren Respekt vor dem noch so Kleinen. Es wird diese frühe Erfahrung von Wertschätzung sicher mit wohligem Gefühl spüren. Gleichzeitig können wir ihm an unserem eigenen Vorbild zeigen, wie es geht, indem wir nicht länger, als wir Lust dazu haben, mit ihm spielen.

Bei einem etwas Älteren ist dieses natürlich ebenfalls eine der Folgen. Bei ihm ist aber noch wichtiger als beim Kleinen die

Beziehung und deren Qualität die wesentliche Erfahrung, die es aus diesem Spiel mitnehmen wird. Natürlich erlernt es jetzt, den Spielinhalt zu schätzen. Das größere Kind wird den Eltern die Hand entgegenstrecken, sie nach dem Ende des Reimes wiederum hinstrecken und auf diese Weise deutlich machen: Ich möchte noch einmal. In diesem Fall werden eher die Eltern die Geduld verlieren. Somit müssen sie mitteilen, nun ist's genug. Werden sie es durch Wegsehen tun? Eher wohl nicht. Bei den Eltern wird vor allem das Wort im Vordergrund stehen. Dem Kind werden in demselben Spiel – altersabhängig – ganz verschiedene Welten dargeboten: dem Kleinen die der Gefühle, dem Großen die der Worte. In diesen tradierten Kleinkind-Spielen spielen überraschenderweise pädagogische Grundzüge eine interessante Rolle. Eltern und Großeltern hatten bereits auf diese Weise mit ihren Kindern gespielt – und ganz nebenbei ihnen noch etwas beigebracht. Und wiederum war jeweils das Kind in Beziehung, lernte etwas über Zusammenarbeit, hatte Körperkontakt und erhielt Aufmerksamkeit. Es spürte sich und seinen Körper im gemeinsamen Spiel.

Im Bereich der Greifen-Entwicklung ist die Öffnung der Finger eine notwendige Voraussetzung. Sie wird im Spiel erfahren, die Meldungen davon zum Gehirn gesandt und dort abgespeichert. Man kann es sich vorstellen, als ob Verbindungen gezogen würden zwischen der Hand, den Fingern und der Haut darum und dem Gehirn, zwischen dem Ohr, das den Reim hört, den Augen, die die Mutter oder den Vater sehen, dem Ellenbogen und der Schulter, die die Stellung des Armes spüren und dem Gehirn. Diese werden zusätzlich untereinander mit weiteren Verbindungen verknüpft. So etwa wird das Nervennetz gebildet. Zeitgleich eingehende Meldungen werden anders miteinander verbunden als solche, die nacheinander kommen. Manchmal erreichen Informationen das Gehirn, von denen es bereits Verknüpfungen gibt, das bedeutet, wir erinnern uns. Ein anderes Mal kommen Meldungen, die sind fast gleich, dann wird die ältere mit der neuen Meldung verglichen und die Variante als Verbindung dazugefügt. Wir erleben dann «Ähnliches». Auf diese Weise entstehen Möglichkeiten alternativen Handels.

Wenn wir diese Zusammenhänge betrachten, dann mag es verwundern, was aus so einem kleinen Reim für weitgehende Folgen entstehen. Das zeigt auch, wie wesentlich letzlich alles ist, was zwischen unserem Kind und uns geschieht!

Betrachten wir noch einmal des Guck-Da-Beispiel unter diesem Gesichtspunkt.

Kinder spielen es, wenn das Gesicht der Bezugsperson vertraut ist und von anderen Gesichtern unterschieden werden kann. Eine weitere Voraussetzung ist die Fähigkeit zur Kopfkontrolle (der Kopf kann dabei selbständig gehalten und gezielt bewegt werden) und eine gewisse Rumpfkontrolle (der Oberkörper hält und bewegt sich gezielt), ferner die Verknüpfung: «Ich sehe die Mama nur, wenn ich ihre Augen sehe» (d. h. Blickkontakt habe). Diese vielen Meldungen an das Gehirn, die Voraussetzung sind, um Kopf und Rumpf zu kontrollieren, sowie die Mutter wiederzuerkennen, müssen auch noch so verknüpft sein, daß daraus die Handlungsfähigkeit des Kindes erfolgen kann. Dafür ist nicht nur die aktive Nervenbildung durch Erfahrung zuständig, sondern auch die Zeit – Zeit für Entwicklung und Reifung. Bei einigen Kindern dauert das weniger lange als bei anderen, je nachdem, welche genetischen Voraussetzungen sie mitbringen und welche Erfahrungen sie machen. Mein Ziel ist es, Ihnen das Nacheinander von Entwicklung zu verdeutlichen, das völlig altersunabhängig zu verstehen ist.

Entwicklung ist ein hochkompliziertes Gefüge, abhängig von vielen Einflüssen. Das Geschehen bleibt zudem nicht nüchtern, sondern Gefühle sind daran entscheidend beteiligt. Erinnerungen an solche Erfahrungen sind besonders angenehm, bei denen positive Gefühle entstehen. Sie scheinen eher erinnerbar zu sein.

Im Alltag mit Kindern ist es deshalb außerordentlich hilfreich, viele gute Erfahrungen miteinander zu machen. Gute Erfahrungen machen Spaß!

Anregung für Eltern **Das Schneckenlied**

Sie kennen sicherlich alle das Lied «Alle-meine-Entchen». Nach dieser Melodie wird das folgende Liedchen gesungen:

Eine kleine Schnecke
krabbelt zu dir rauf,
krabbelt zu dir rauf,
krabbelt wieder runter,
kitzelt dich am Bauch.

Ihr Baby liegt vor Ihnen und schaut Sie an. Mit Ihrer Hand den Fingern krabbeln Sie, wie der Liedtext es vorgibt, von unten nach oben über den Bauch des Babies, entsprechend dann hinunter. Den Abschluß bildet das Bauchkitzeln.

Wenn Ihr Kind noch sehr klein ist, darf das Lied sehr langsam gesungen werden, damit das Baby es überhaupt erfassen kann. Solange es Ihnen wach und aufmerksam entgegenblickt, ist es aufnahmebereit. Schaut es weg, dann wissen Sie, daß es nun genug ist.

Beim größeren Baby gilt ebenfalls die Aufmerksamkeit als Spielgrundlage. Zusätzlich zeigt es an, ob ihm das Spiel gefällt, indem es lacht, mit den Armen, vielleicht auch den Beinen, aufgeregt zappelt und Sie nach Spielende auffordernd-wartend anschaut: nochmal! Liegt es nur betrachtend da, ist es vielleicht nur brav und geduldig. Entscheiden Sie dann, ob es Ihnen unter dieser Bedingung Spaß macht, weiterzuspielen.

Ein noch älteres Kind wird juchzen, vielleicht Ihre Hand fangen wollen und sich aktiv in das Spiel einschalten. Nach Spielende wird es Töne von sich geben, die Ihnen sagen sollen: nochmal! Sie werden ihm dies Wort vielleicht sogar sagen, denn Sie werden den Wunsch intuitiv verstehen, oder es selbst auf diese Weise fragen: nochmal?

## Selbständigkeit durch Spielen mit den Eltern

Dies ist eines der Spiele, die vor allem mit Kindern gespielt werden, die sich noch nicht selbst umdrehen können (sonst würde es wahrscheinlich nicht liegenbleiben). Auch diese Bauch-Berühr-Spiele werden seit langem in den Familien tradiert. Es gibt solche, in denen dem Baby durch Berührung die Wahrnehmung der diagonalen Bauchmuskeln angeregt und so die wichtige Verbindung von rechts und links erfahrbar wird. Andere zeigen durch verschieden starke Berührungsreize deren Qualitäten auf: Kitzelreize wechseln mit festem Anfassen oder leichtem Streicheln. Es wird Spannung im Spiel erlebt, wenn sich die elterliche Hand, das Gesicht oder der Mund mit Verzögerung dem Bauch nähert, zum Beispiel beim Bauch-Puste-Spiel. In allen genannten Spielangeboten wird verschieden fest, auf die unterschiedlichste Weise der Bauch berührt. Das Kind bekommt darüber Meldungen ans Gehirn, die Bauchfläche wird ihm bewußt. Das Bewußtsein über diese Körperfläche ist wiederum Voraussetzung dafür, sie dann in der Bauchlage zu benutzen.

Die Händchen werden dem Kind bewußt durch Berührung der Brust. Dasselbe gilt für das Fingerspiel dort. Das Abtasten der gesamten Vorderfläche mit den Händen ist die Voraussetzung zum Umdrehen. Eltern können im entspannten Miteinander gut beobachten, wie das Baby mit zunehmendem Alter zunächst die Brust berührt. Etwa zeitgleich wird die Hand durch In-den-Mund-Stecken und immer wieder durch Betrachten bewußt erlebt. Anschließend «begreift» das Kind den Bauch, dann die Oberschenkel, die Knie, die Unterschenkel und die Füße. Nun wäre es bereit zum Umdrehen. Einige Erfahrungen müssen noch hinzukommen: Die Gewichtsverlagerung muß erprobt werden, und das Kind muß durch Versuche herausfinden, welche Kraft es einsetzen muß, welche Gliedmaßen dabei helfen können und was der Kopf dann machen muß, damit es sich vom Rücken auf den Bauch drehen kann (siehe Seite 57 Abbildung 15). Das Umdrehen ist eine sehr wesentliche Erfahrung von eigenem Können, da eine völlig neue Welt vor dem Kind liegt: Die Welt von Selbständigkeit und der ganze Fußboden. Es ist bei einer entscheidenden Körperbewegung nicht mehr von der Mutter abhängig! Außerdem zeigt sich ihm nun das Zimmer in seiner räumlichen Ausdehnung: Umdrehen ist die Voraussetzung für Bewegung auf der Fläche und später im Raum.

Somit ist das Bauch-Krabbel-Spiel als weitere Information über die Vorderseite des Kindes an sein Gehirn hilfreich für Entwicklungsschritte. Der gemeinsame Spaß daran unterstützt gegenseitiges Kennenlernen, wirkt vertrauensbildend und festigt die Bindung.

Die Eltern werden merken, daß ungefähr in der Zeit kurz vor dem Umdrehen das Baby erstmals gezielt Verhaltensweisen zeigt, die der Überprüfung der Bindung dienen: Jammern, wenn die Mutter weggeht, deutliche Abwendung, wenn es etwas nicht will, aber gleich wieder zurückschauen, vom Arm eines anderen herunter die Arme zu der Elternperson strecken und dorthin wollen. Möglicherweise verzieht es das Gesicht oder weint bei einem ihm unangenehmen Menschen, der es nur ansieht. Das alles sind Anzeichen des Fremdelns und damit Elemente des Bindungsverhaltens.

Während dieser Entwicklungsphase ist es oft schwer, miteinander Spaß zu haben. Wie schon beschrieben, ist meistens die Mutter gefordert, das Kind bei sich zu haben, da niemand anders geduldet wird. Die Frauen empfinden das als Streß und wollen sich lieber zurückziehen, als noch mehr mit dem Kind zu spielen. Jeder Rückzug hat den Widerstand des Kindes zur Folge. Als entspannt wird die Situation nur dann erfahren, wenn die Mutter den kindlichen Wünschen nachgibt, was sie aber meistens für sich selbst nicht positiv empfindet.

Woher kann hier der Spaß kommen? Zunächst gibt es einige ganz wichtige Informationen: Diese Zeit geht vorbei! Sie geht schneller vorbei, wenn die Eltern sich nicht dagegen wehren und das Kind gleichzeitig ganz viele Bindungserfahrungen sammeln kann. Das ist am ehesten möglich, wenn die

Eltern sich dem Kind als Partner zur Verfügung stellen, sich durchaus mal abgrenzen, aber doch kontinuierlich vermitteln: Ich liebe dich, und ich bin für dich da.

Die innere Haltung: Du bist in Ordnung, wie du bist, und ich auch, ist eins der Hilfsmittel. Körperkontakt und Zuwendung, aber auch zeitliche Vorgaben (Strukturen), Tagesgestaltung und Rituale (regelmäßige Wiederholungen von sozialen Handlungen, zum Beispiel ein Schlafen-Gehen-Ritual) sind weitere, die dem Kind die Sicherheit vermitteln, daß seine Eltern da sind, wissen, wo es «langgeht», und es auch zukünftig nicht alleinlassen werden. Aus den gemeinsamen Erlebnissen will es in der Fremdelphase diese Sicherheit für seine Zukunft mit seinen Eltern gewinnen.

Vielleicht erinnern wir uns bezüglich des Bindungsgeschehens an das Bild von dem großen «Sack» (z. B. in Form eines speziellen «Speicherplatzes» im Gehirn), in den alle Erfahrungen des Miteinander-Seins lebenslang hineingepackt werden und der erst geschlossen wird, wenn er voll ist. Bei manchen Kindern ist er größer, dann paßt sehr viel hinein, andere brauchen nicht so viele Erfahrungen.

Im Idealfall füllt sich der Sack mit der Überzeugung: Das mit meinen Eltern geht klar! Dies Kind fühlt sich sicher gebunden. Es wird lebenslang auch andere Beziehungen voller Zutrauen eingehen.

Es gibt aber auch die Möglichkeit, daß das Kind eine Reihe von Erfahrungen gar nicht in den Sack tun kann, weil sie nicht zu den anderen passen, so ganz anders sind als diese. So weiß es nicht, was es mit all dem machen soll, und fragt länger nach weiteren Erfahrungen; es «klebt» richtig an der Bezugsperson, ehe es sich doch entschließt, die «andersartigen mit hineinzutun». Dies Kind fühlt sich mal so, mal so, das heißt: unsicher, ambivalent gebunden.

Und dann gibt es Kinder, die haben schon soviel Verschiedenes, oft Ablehnendes, manchmal Schreckliches in ihrem Sack drin. Es fühlt sich nicht gut an, was da drin ist. Vielleicht kommt ja noch Besseres. So lassen sie den Sack offen.

Diese Kinder sind unsicher gebunden. Manche tun dann so, als gäbe es die Eltern meist gar nicht und machen alles alleine, wieder andere ziehen sich viel in sich selbst zurück.

Im zugewandten Umgang mit dem Kind, auch in der Fremdelzeit, erlebt es Berechenbarkeit und Befriedigung seiner Grundbedürfnisse. Wenn das seinem Erleben von früher gleicht, wird sein Sack schneller gefüllt sein, als wenn die Mutter nun auf einmal auf Distanz geht. Das wird es nicht nachempfinden können und unsicher werden, was nun gilt.

Die Qualität der Bindung des Kindes an die Eltern ist die Basis für jede weitere Beziehung im Leben. Der Entschluß, die Dinge lieber allein zu tun, wird Zusammenleben mit gegenseitiger Unterstützung erschweren. Sicher gebundenen Menschen wird das leicht fallen.

Gelassenheit und etwas Phantasie mit dem Kind, Unterstützung, Verständnis und Zuwendung durch den Partner, vielleicht auch Hilfe im Haushalt oder an anderen Stellen des Alltags sind gute Rahmenbedingungen für die Fremdelphase. Wenn die Mutter verschiedene Zeiten außerhalb des Hauses verbringt, könnte sie das entlasten. Allerdings müßte das Baby von jemandem betreut werden, den es gut kennt und bei dem es während der Abwesenheit der Mutter problemlos bleibt. Dann ist das eine gute Lösung. Wenn dies nicht der Fall ist, und nur vermehrtes Klammern an der Mutter nach sich zieht, ist zu diesem Zeitpunkt davon abzuraten. Dadurch könnte sich die Fremdelphase verlängern oder die Qualität der Bindung verändern. In jedem Fall ist die Trennung von Mutter und Kind in dieser Zeit problematisch, da die Konstanz der Beziehung dadurch gestört wird. Das Kind hat in dieser Entwicklungsphase noch keinen Begriff von Zeit, so daß ihm die Trennung von der Mutter wohlmöglich sehr viel länger vorkommt als ihr.

Alle Spiele, die Körperkontakt oder auch nur Blickkontakt enthalten, sind gute Spiele für diese Phase – wenn die Eltern sie gern spielen. Halbheiten nimmt das Kind wahr und wird unsicher. Auch Neckspiele, Geben-Nehmen-Spiele passen hierher. Das Kind genießt Tobespiele sehr, besonders, wenn es das Aufgefangen-Werden oder Festgehalten-Werden erleben kann. Genau diese Erfahrungen von Sicherheit will es ja machen!

Eltern können ihr Kind problemlos einige Zentimeter hochwerfen, auch wenn es noch nicht einmal sechs Monate alt ist. Es wird dies genießen, vor allem, wenn solch ein Spiel mit seinem Älterwerden allmählich wilder wird. Wie schön ist das Gefühl, aufgefangen und festgehalten zu werden nach solch einem «Flug»!

Anregung für Eltern: **Das Versteck-Spiel im Fremdelalter**

Sie erinnern sich an das Guck-Da-Spiel? Die Unterbrechung des Blickkontaktes spielt auch beim älteren Kind die wichtigste Rolle. Noch dürfen Sie nicht völlig als Person aus seinem Blick verschwinden.

Die Spielregel, die ein Kind dieses Alters braucht, lautet: Der Erwachsene versteckt sich, aber irgendetwas von ihm bleibt im Blick!

Am besten klappt es, wenn Sie zunächst nur Ihr Gesicht verbergen, beispielsweise hinter einem Tuch. Das Kind liegt vielleicht auf Ihrem Schoß oder neben Ihnen. Das Tuch ist in seiner Reichweite, so daß es es herunterziehen kann. Ihre Aufforderung veranlaßt es, dies zu tun.

Eine Variante: Haben Sie Lust, sich zu zweit unter dem Tuch zu verstecken oder nur das Kind?

Probieren Sie aus, was Ihnen beiden gefällt.

Wenn Kinder dieses Spiel spielen können, sind sie in der Lage, in Gedanken Teile eines Ganzen zu dem Ganzen zusammenzufügen. Hier war der fehlende Teil das Gesicht. Am Anfang, wenn diese Fähigkeit neu entsteht, sind verschiedene Informationen nötig, die das Kind nutzt, um den fehlenden Teil zu ergänzen.

Vielleicht bemerken die Eltern bei der allerersten Spielfolge, daß ihr Baby noch nicht sofort das Tuch herunterzieht, sondern zögert. Nachdem es den vertrauten Klang der Stimme und die Aufforderung gehört hat, gelingt es ihm, den fehlenden Teil zuzuordnen und hinter dem Tuch den Rest der Mutter zu wissen. Eine weitere Leistung ist es, das Tuch gezielt herunterzuziehen. Mindestens eine Erfahrung, was geschieht, wenn man an einem Tuch zieht, muß vorausgegangen sein. Wenn das noch nicht der Fall war, braucht das Baby mehr Motivation durch die elterliche Stimme, bis es diesen Versuch startet. Es kann noch nicht zielgerichtet handeln, ohne diese Erfahrung gehabt zu haben.

Verstecken sich die Eltern eines Krabbelkindes zum Beispiel hinter einem Tisch, so daß ihr Kind noch ihre Füße oder ähnliches sehen kann, geben wieder die Spielaufforderung: Guck-Da!, dann wird sich das Kind einen Weg suchen, bis es wieder in das Elterngesicht blicken kann. Ohne Spielaufforderung wird es vielleicht nicht suchen kommen, denn auch sonst im Alltag kennt es die Situation: Eltern stehen hinter dem Tisch.

Wenn die Eltern sich schließlich im Nebenzimmer verstekken können, das Kind ruhig bleibt und sie bei Spielaufforderung suchen kommt, ist wahrscheinlich die Fremdelphase weitgehend vorbei. Das Kind ist dann sogar in der Lage, aus dem Teil (Stimme) auf das Ganze (Mutter) zu schließen, ohne noch weitere Informationen über diese Person zu benötigen. Das Gehirn hat aus den vielen Meldungen während der ersten Monate in sich die Mutter als Ganzes gespeichert und erkennt sie wieder. Es gibt dort Erinnerungsspuren von ihr. Ab diesem Zeitpunkt wird Zeit wahrgenommen. «Aus den Augen – aus dem Sinn» gilt dann nur für längere Zeiträume als gestern oder morgen.

In der Krabbelzeit ist noch nicht damit zu rechnen, daß das Kind «weiß», die Mutter ist im Nebenzimmer, und daß es sie ohne Aufforderung dort suchen wird. Ein Teil von ihr ist nötig, um das Ganze zu bilden. Das bedeutet, daß das Kind solange, bis es auch diese Leistung vollbringen wird, noch das

Gefühl hat: Nun bin ich verlassen, wenn es allein im Raum zurückbleibt. Es wird dann rufen können oder sich dorthin bewegen, wenn es Antwort erhält.

Jetzt zeigen sich Handlungen von selbständigem Wegbewegen, denn das Kind «weiß» ja die Bezugsperson in der Nähe und kennt ihre Qualitäten und kann sich jederzeit versichern, ob sie noch da ist. Erkunden des Raumes, Ausprobieren von Neuem und «Unsinn-Machen», wie wir es nennen, folgt.

Anregung für Eltern: **Wir beide am Boden**

Sicherlich will auch Ihr Kind immer wieder auf den Arm. Das ist schwer und belastet Ihren Rücken. Dem Kind ist es noch nicht möglich, eine erhöhte Position selbst zu erreichen, doch sie gefällt ihm, weil es dort so gut sehen kann und weil Sie dort oben sind. Sie haben die Wahl, fortdauernd auf diesen Wunsch einzugehen, wissen aber, daß es für Ihr Kind eigentlich nicht gut ist, weil es die Abhängigkeit von Ihnen vermehrt. Wie ist die Idee, die Erwachsenentätigkeiten zum Teil auf den Fußboden zu verlegen, und auch dort mit Ihrem Kind zu spielen? So wird es auch für das Kind selbstverständlich, dort zu sein und zum Beispiel über Sie hinüber zu kriechen und auf diese Weise Erfahrungen mit Hindernissen zu machen.

Das Kind kann nun frei sitzen, auch wenn es sich noch nicht von selbst setzt. Die Fähigkeit, zu krabbeln, ist ein Hinweis darauf. Vielleicht zieht es sich bereits an Gegenständen und den Eltern zum Stehen hoch.

Hier deutet sich ein Problem an, das dem Hingesetzt-Werden ähnelt. Oft wollen Kinder bereits sehr früh stehen. Sie fordern uns zur Hilfe auf, wenn sie noch nicht krabbeln können, unter Umständen nicht einmal robben oder sich umdrehen. Gehen wir darauf ein, so verhindern wir möglicherweise diese vorgenannten Entwicklungsschritte. In jedem Fall

*Abbildung 24a: Übernahme der kindlichen Perspektive. Derselbe Blickwinkel.*

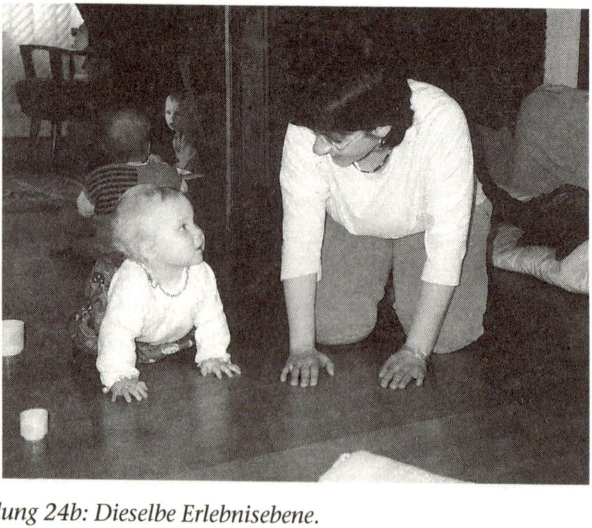

*Abbildung 24b: Dieselbe Erlebnisebene.*

ist die naturgemäße, das heißt von selbst gezeigte Abfolge von Entwicklungsschritten verändert. Stehen lernen Kinder normalerweise, nachdem sie sich aktiv drehen, den Raum nach rechts, links, hinten und vorn erobert haben, den Po über die Knie und die Hände unter die Brust bringen und sich robbend oder krabbelnd zu einem Gegenstand hinbewegen können, an dem sie sich dann hochziehen.

Alle einzelnen Lernschritte sind notwendig: Gerade die oft schwierige Zeit, wenn Kinder sich um die Körper-Längsachse auf den Bauch drehen können und ein Spielzeug vor sich ergreifen wollen, ist sehr wichtig, die Richtung «nach vorn» zu erfahren. Ihr bisheriges Können, bei dem sie sich auf die Hände stützen, führt dazu, daß sie nach hinten rutschen, und sich damit immer weiter von dem Gewünschten entfernen. Jedoch können sie nur aufgrund auch dieser «frustrierenden» Erfahrung eine Annäherung wahrnehmen lernen. Gleichzeitig ist die Mißerfolgserfahrung ein wichtiges Erlebnis von Beschränkung, mit dem sie lernen müssen, fertigzuwerden. Grenzen ihres Könnens zu erfahren, ist eine notwendige Entwicklungsaufgabe in dieser Zeit, die es gilt geduldig, gelassen, zugewandt und mit Humor zu begleiten. Die Kinder brauchen viel Bestätigung währenddessen. Irgendwann werden sie von selbst herausfinden, auf welche Weise das Voran gelingt. Sie haben die Entwicklungsaufgabe erfolgreich gelöst.

Die Wendung nach rechts oder links zeigen die Kinder ungefähr zu derselben Zeit wie das Zurück. Sie drehen sich um die Körper-Querachse zu einem Spielzeug oder Elternteil am Boden hin und ergreifen es, stecken es in den Mund, betrachten, beriechen und schütteln es in altvertrauter Weise. In Phasen neuer Entwicklungen benutzen die Kinder wieder mehr vertraute Handlungen, als es dazwischen der Fall war. Auch das Kontaktbedürfnis besonders zur Hauptbezugsperson wird dann wieder stärker. Ist die Drehung um diese Körperachse in beide Richtungen gleichermaßen möglich, das «Hinten» erfahrbar geworden, kann sich die Bewegung im Raum weiterentwickeln. Zunächst folgt das Vorwärts-Robben

*Abbildung 25: Rückwärts rutschen. Statt des erwünschten Voran macht das Kind die Erfahrung von einem Problem: weiter Weg-Rutschen.*

oder -Krabbeln, seitliche Wendungen schließen sich an, sowie die Gewichtsverlagerung geübt worden ist. Mit der Erfahrung im Gewicht-Verlagern geht die Erfahrung einher, daß nicht immer beide Hände festen Bodenkontakt haben. Nun wird das Kind ausprobieren, ob es eine Hand ganz anheben kann, wird den Eltern etwas zeigen: Schaut, das habe ich gefunden. Die Entdeckung des Raumes schreitet weiter voran. Die Erfahrung des «Oben» ist gemacht. Indem man etwas hochheben kann, kann man es nun stehend wieder hinunter- oder wegwerfen. Wenn Kinder eine Hand hochheben können, werden sie sich auch an etwas festhalten. Dann machen sie bald auch die Erfahrung, daß sie in der Lage sind, ihren Körper zu halten, wenn sie sich dort hochziehen. Mit beiden Händen sich haltend, knien sie zum Beispiel am Stuhl oder Tisch, erreichen bald auch Tischtücher und anderes, das herunterhängt. Sie benutzen alles, um sich daran aufzurichten, und finden bald heraus, daß sie durch Aufstehen noch weiter nach oben gelangen können.

Jetzt ist der Weg vom beidhändigen zum einhändigen Festhalten bis zum Loslassen und freihändigen Stehen möglich.

*Abbildung 26: Vom Liegen zum Stehen. So kann man sich ungefähr Bewegungsentwicklung bis zum Stehen vorstellen. Symmetrische wie asymmetrische Bewegungsmuster sind dabei sichtbar.*

Anregung für Eltern: **Häschen in der Grube**

Sie kennen vielleicht das Lied oder den Reim:

Häschen in der Grube
saß und schlief,
saß und schlief;
armes Häschen bist du krank
daß du nicht mehr hüpfen kannst?
Häschen hüpf, Häschen hüpf, Häschen hüpf!

Mit einem Stehkind können Sie dieses Spiel, als Lied oder Reim gesprochen, wunderbar spielen. Zuerst sitzen oder hocken Sie beide und tun, als schliefen Sie. Während der Zeile . . .armes Häschen fassen Sie sich an den Händen und stehen bei Häschen hüpf auf. Mit einem laufenden Kind können Sie das Hüpfen probieren.

Die Entwicklungsaufgabe eines Stehkindes heißt, das Gleichgewicht nun im Stehen zu finden. Um das zu erreichen, wird es in der Richtung wippen, in der der Gleichgewichtssinn vor allem Informationen erhalten wird und als Erfahrung speichern muß: rauf und runter. Außerdem ist es nötig, zu erlernen, aus dem Stehen wieder auf den noch viel sichereren Boden zurückzukommen. Das bedeutet, das Kind muß lernen, in die Hocke zu gehen. Beim Wippen, das es den Eltern nun an vielen Gegenständen stehend zeigt, sammelt es Erfahrungen über die Verlagerung des Gleichgewichtes in vertikaler Richtung. (Siehe Abbildung 26, Seite 145) Das Häschen-Spiel zu zweit ermöglicht dasselbe. Gemeinsame Freude verstärkt die Lernerfahrung.

*Abbildung 27: Ein Kind steht auf. Wände und Gegenstände helfen.*

Anregung für Eltern: **Gemeinsam essen**

Wahrscheinlich sitzt Ihr Kind inzwischen mit Ihnen am Tisch. Ißt es schon selber?
Wenn es noch nicht dasselbe warme Essen ißt wie Sie, so können Sie einmal ausprobieren, ob das schon funktioniert: Sie geben Ihrem Kind einige wenige Nudeln, die etwas weicher als gewöhnlich gekocht sind, und schauen, was geschieht. Es empfiehlt sich, zunächst auszuprobieren, ob sie ihm bekommen, und erst beim nächsten Mal mehr anzubieten. Wählen Sie Sojanudeln, wenn Sie wegen Allergiegefährdung keine Fremdeiweiße füttern[1].

1 Sind in der Familie gehäuft allergische Reaktionen bekannt, so empfiehlt es sich, im ersten und zweiten Lebensjahr kein fremdes Eiweiß, auch kein Getreide-Eiweiß, das in Weizennudeln enthalten ist, zu geben.

Mit den Eltern am Tisch zu sitzen, ist bereits eine wichtige Erfahrung, groß zu werden. Dasselbe wie sie zu essen, gefällt den Kindern dann besonders. Sie ahmen gern alles nach, was die Eltern vormachen. Dabei ist jetzt nicht so sehr das Essen mit Löffel und Gabel wichtig, sondern das, was gegessen wird. Jetzt steht die Art des Essens im Vordergrund; die Benutzung eines Löffels – oder besser noch einer kleinen Gabel –, ist der nächste Schritt. Da das Greifen mit zwei Fingern mittlerweile vertraut sein wird, klappt es ganz gut, die Nudeln zu fassen und in den Mund zu stecken. Weiche Nahrung schmiert leichter, darum machen die Mütter und die Kinder gute Erfahrungen mit jeder Art von festen kleinen Nahrungsstückchen. Zugleich stärkt das die Kompetenz des Kindes. Wir trauen ihm wieder einmal zu, eine altersgemäße Aufgabe zu lösen.

Wenn es nicht sogleich gelingt, so wird das Kind selbst herausfinden, wie es die Nudel in seinen Mund bekommt, und so Lösungsstrategien auch beim Essen entwickeln. Das fördert problemlösendes Verhalten.

Auch in anderen Bereichen des Alltags kann ein Kind, das krabbeln kann und sitzen, Probleme lösen, wenn wir ihm die Gelegenheit dazu geben. Auf solche Weise lernt es diese so wichtige Kompetenz beispielhaft für andere Situationen und das Vertrauen in seine Fähigkeiten dafür.

## Kommunikation durch Spielen

Mittlerweile haben Eltern und Kind die Erfahrung gemacht, daß Sprache zu einem gemeinsamen Kommunikationsmittel wird.

Angefangen hat das mit einer Vielzahl von Babylauten, durch die wieder die Zungenbewegung bewußt und in Verbindung mit bestimmten Lauten gebracht wurde. Wenn dann irgendwann einmal das Stichwort Mamam oder Papap fällt, wird das mit solch großer Begeisterung der Eltern aufgenommen, daß dies als Belohnung (positive Verstärkung einer Verhaltensweise) dient, die Anlaß zur Wiederholung gibt. Jetzt kann das Kind in kurzer Zeit unterscheiden, ob sein Verhalten erwünscht ist oder nicht. Erwünschtes, durch Belohnung positiv verstärktes Verhalten wird sehr schnell gelernt. Verbote brauchen länger, bis das Kind sie wirklich «glaubt», es sei denn der Straf-Charakter ist genauso intensiv wie die Begeisterung über «Mama» oder «Papa».

Das Guck-Da-Spiel hat das «Da» als Verstärkung wirken lassen, so daß dies eines der nächsten Worte wird. Im Spiel kann es das Kind auch bald sagen lernen. Möglicherweise zeigt es zuvor mit dem Finger auf Gegenstände, wozu es dann dieses Wort begleitend nonverbal erfragt oder sagt.

Anregung für Eltern: **Bilderbücher angucken**

Nehmen Sie sich mit Ihrem Kind ein Bilderbuch. Am besten gefallen den Kindern Tierbücher mit bekannten Tieren: Hund, Katze usw.

Legen Sie das Buch dem Kind vor und warten Sie, was es Ihnen von selbst verdeutlicht. Vielleicht bohrt oder kratzt es mit dem Zeigefinger an einem Tier. Sie können die Bewegung aufgreifen und den Tiernamen dazusagen. Vermutlich wird Ihr Kind nach einigen Malen der Übung Sie zur Benennung des Tieres auffordern. Das tut es, indem es mit dem Finger darauf deutet. Auf diese Weise haben Sie eine gemeinsame Form des Buch-Ansehens gefunden.

Wenn das Kind den Finger noch nicht deutend ausstreckt, ist der eben geschilderte Umgang mit dem Buch zu früh. Das muß aber nicht am gemeinsamen Betrachten des Buches hindern. Die Eltern und das Kind können dies bereits früh miteinander tun, wenn das Kind Interesse daran zeigt. Dazu braucht es Konzentrationsvermögen, und es schult dies auch, wenn es genug Zeit bekommt.

## Das Spielen der Kinder

Dem eigenständigen und dem sozialen Spiel kommt in der Entwicklung der Kinder eine wichtige Aufgabe zu. Im Spiel üben sie den «Ernstfall», lernen den Umgang mit der Situation und behalten das Handelsgefüge im Gedächtnis, um es dann abzurufen, wenn es nötig wird.

Spielen funktioniert nur im «entspannten Feld» (u. a. in: Hassenstein, 1999). Ein Kind, das Hunger hat oder Angst, wird zunächst dieses Bedürfnis zufriedenstellen wollen, ehe es spielt. Die Befriedigung der Grundbedürfnisse hat ebenfalls Vorrang. Ein Kind, das zu seiner Mutter auf den Arm möchte, läßt sich nur schwer durch Spielzeug ablenken.

Ein Kind, das sich in der Beziehung zur Mutter sicher fühlt, spielt in neuer Umgebung, auch wenn die Mutter nicht anwesend ist. Dahingegen wird ein Kind, das wie eine Klette an der Mutter hängt, damit es sie nicht verliert (das ist seine Angst), sie nicht loslassen, um zu spielen, sondern, zudem noch in fremder Umgebung, versuchen, sie sofort wiederzusehen.

Im Spiel lernt das Kind die Funktion von Hilfsmitteln, erfährt Zusammenhänge über die Dinge. Spielen ist immer auch ein bißchen mit Neugier und Unternehmungslust verbunden. Soziale Spiele werden wegen des Genusses am Miteinander, dem Kontaktbehagen gespielt. Die Spielpartner im ersten Lebensjahr sind vor allem Erwachsene. Wirkliches Spiel mit anderen Kindern gleichen Alters beginnt deutlich später. Älteren Geschwistern ist dabei die Rolle «Erwachsener» zugedacht, sofern sie nicht selbst noch Kleinkinder sind.

Spielen zu können, verlangt von dem Kind ein hohes Maß an Konzentrationsfähigkeit und schult diese gleichzeitig. Als Voraussetzung gilt aber, daß das Spielangebot Konzentration zuläßt: Es muß altersgemäß sein, verschiedene Funktionen sollten zwar damit möglich sein, aber doch eine für das Kind altersgerechte geringe, das heißt für es erfaßbare Zahl. Es sollte die Bewegungsfähigkeit des Kindes erhalten, statt sie einzuschränken. Und es sollte dem Kind seine eigene Wirksamkeit spürbar machen. So ist ein Mobile deshalb interessant, weil es sich bewegt – die eigene Wirksamkeit kann das Kind nur erfahren, wenn nicht der Erwachsene es für das Kind bewegt, sondern indem ein Faden geschickt daran befestigt wird, an dem das Kind ziehen kann. Das hilft ihm, das eigene Tun mit dem Mobile in Verbindung zu bringen. Etwa im Alter von drei Monaten ist ein Baby fähig, das herauszufinden.

Kindern gefallen ab der Zeit, in der sie sich drehen können, neue Spielsachen. Oft beobachte ich ein sehr zahlreiches Spielzeugangebot, bei dem das Kind sich gar nicht entscheiden kann, was es benutzen will. Ein oder zwei Teile sind genug. Ist eins nicht mehr interessant, kann es gegen ein weiteres ausgetauscht werden. Die Spielkiste in Abständen zu durchforsten und einige Dinge für eine Weile außer Sichtweite zu legen, erhöht den erneuten Spaß daran später. Das beginnt schon im Krabbelalter, wird dann im Vorkindergartenalter ganz hilfreich. Deshalb halte ich auch die Spiel-Center oder Spieltrapeze für nicht angemessene Spielsachen. Eigenkompetenz kann zwar zum Teil erfahren werden, das Angebot ist aber weder altersgerecht, weil zuviele Dinge daran sind, noch ist es gut möglich, etwas davon in den Mund zu stecken. Besser für die Entwicklung sind in jedem Fall Spiele, die das Mitspielen der Eltern möglich machen.

Die Kleinen bevorzugen Gegenstände, die auch die Eltern benutzen. Die Dinge der Küche sind eine Zeitlang wichtiger als Spielsachen – außer die Mutter oder der Vater spielen ebenfalls damit. In der Küche, bei der Küchenarbeit dabeizusein, lieben die kleinen Krabbler besonders. Ganz gut gefällt es ihnen, wenn sie dieselben Dinge benutzen können: mit einem Löffel auf Töpfe schlagen, Lärm machen, mit dem Schneebesen rühren, Topfdeckel wie ein Musikinstrument gebrauchen, immer wieder neue Erfahrungen mit der Welt der Großen machen, sie nachahmen, Reaktionen auslösen. Am meisten genießen sie es im Miteinander. Eine Schublade mit Unzerbrechlichem, für das Kind zugänglich, erleichtert der

Mutter die eigene Küchenarbeit. Kartoffelschälen am Boden kann während einiger Zeit dieses Miteinander herstellen und doch auch jedem seinen eigenen Bereich zuteilen.

Wenn wir uns zum Kind auf den Boden gesellen, anstatt es zu uns herauf zu holen, so gehen wir in seinen Bezugsrahmen, statt es in unseren zu holen: Wir nehmen seine «Sicht der Dinge» ein, sehen, was es sieht, erleben seinen Wirkungsbereich, spüren, was für es «erreichbar» ist. Damit trennen wir seinen Raum klar von unserem, was dem Kind die derzeitig noch vorhandenen Grenzen der beiden Wirkungskreise aufzeigt. Daß ich das nicht als Entweder-Oder verstanden wissen möchte, ist wohl inzwischen deutlich geworden. Mir geht es vorwiegend um das Bewußtmachen solcher Handlungsweisen. Die Tatsache, in den Bezugsrahmen eines anderen zu schlüpfen – das heißt: seinen Blickwinkel zu teilen – hilft sehr, ihn zu verstehen. Das ist zwischen Erwachsenen genauso. Eltern können aus dieser Sicht die kindliche Kreativität genauso erfassen wie seine Bedürfnisse. Vielleicht entdecken sie auf einmal sogar verschüttet geglaubte Spielfreude.

Wir sind geneigt, den Kindern eigene Spielsachen zu kaufen. Die Gegenstände des Haushalts sind bestens geeignet, sie auf das Leben vorzubereiten und sehr beliebt.

Dinge, die Kinder im beginnenden Krabbelalter und später interessieren, sind bunt, bevorzugt rot, geben irgendwelche Töne von sich, irgend etwas an ihnen wackelt, und man kann und darf sie in den Mund nehmen. Für die Eltern sind zudem waschbare Sachen praktisch.

Etwas selbst zusammenzustellen, macht viel Freude. An einer Fühlkette lassen sich verschiedene Dinge anknoten, die die Kinder interessieren. Unterschiedliche Oberflächen von Holz, Stoff, Fell und Metall(-Glocken) lassen sich verbinden mit den verschiedenen Klang- , Geruchs-, Berührungs- und Geschmacksqualitäten der Gegenstände (s. Abb. 14). Sogar ein Lavendel- oder Fenchelsäckchen kann daranhängen, das wirkt beruhigend, wenn die Kinder mal daran lutschen. Alle Arten von Dingen, die in die Kinderhand hineinpassen, sind gut. Farbige Sachen sollten nicht färben, wenn Speichel darankommt, das gilt auch für Billigplastik, denn besonders gelbe, orange-farbene und rote Plastikteile enthalten Cadmium, das speichellöslich ist und giftig (Öko-Test, 1998). Hartplastik (z. B. Lego) ist davon weniger betroffen.

Die Fühlkette kann schon dem kleinen Baby an die Seite des Bettes gehängt werden, wie beschrieben in Reich- und Sichtweite. Später wird das Kind sie dann bewegen wollen und mit ihr auf seine Weise hantieren. In der Mitte über das Bett gespannte Spielsachen sind für das Kind meistens eine Überforderung, weil sie nicht leicht erreichbar sind, die Hände müssen sehr hoch reichen, und nicht an den Mund zu holen sind. Die Koordination beider Hände setzt viel später ein als der einhändige Greifvorgang, wäre aber für in der Mitte Hängendes nötig. Am schönsten ist ohnehin, die Mutter oder der Vater spielen mit!

Anregung für Eltern: **Das Danke-Bitte-Spiel**

Geben und Nehmen gefällt Ihrem Kind sicherlich. Dieses Hin und Her können Sie zu einem Austausch-Spiel gestalten, indem Sie Mimik, Gestik und Worte miteinander verbinden: Geben wird von Hinhalten und dem Wort «bitte» begleitet. Reicht das Kind den Gegenstand zurück, sagen Sie «danke». Jetzt darf das Spiel noch nicht enden! Sie erinnern sich, die Kleinen wiederholen alles sehr oft! Machen Sie das Spielende deutlich.

## Kompetenz durch Spielen

Soziale Spiele erhöhen die soziale Kompetenz des Kindes. Sie stellen, sozusagen nebenbei, Kontakt her, befriedigen das Bedürfnis nach Aufmerksamkeit und sind eine Art, zusammen den Tag zu strukturieren, die Zeit zu verbringen. Bei gut gelingenden Spielen entsteht ein angenehmes Gefühl von Innigkeit. Es darf neben der Gemeinsamkeit auch Abgrenzung stattfinden und erfahren werden: Wir spielen miteinander Geben und Nehmen, mal ist es meins und dann deins, ich hab es und nun du.

Zum gemeinschaftlichen Leben gehört es, miteinander Verabredungen zu treffen. Vielleicht ist es den Leserinnen und Lesern nicht vorstellbar, daß das schon mit sehr Kleinen möglich ist.

Reicht man einem Kind ein Spielzeug, so nimmt es das, oder es schaut weg, beschäftigt sich mit anderen Dingen oder ähnliches. Die Absprache heißt: Ich möchte dir etwas anbieten, willst du? Die Antwort lautet je nach Reaktion: Ja, gern oder nein, ich bin nicht interessiert. Natürlich haben wir als Eltern dann die Möglichkeit, das Kind von seinem vorherigen Spiel abzubringen, es zu überreden oder einfach zu bestimmen, was gemacht wird. Vorgaben zu machen, ist eine stets notwendige elterliche Aufgabe. Es schafft für das Kind die nötige Klarheit. Gleichzeitig können wir ihm eigene Entscheidungsfreiheit im angemessenen Rahmen zutrauen und überlassen. In dieser Szene war das so. Im Alltag mit Kindern gibt es viele solcher Gelegenheiten.

Anregung für Eltern:

**Spielerisch eine Entscheidung treffen in gegenseitiger Absprache**

Prüfen Sie, ob Ihr Kind mit Ihnen spielen will. Wenn nicht, versuchen Sie es später noch einmal.
Reichen Sie Ihrem Kind zwei Spielsachen zur Auswahl, mit denen Sie z. B. Geben-Nehmen spielen möchten. Ergreift Ihr Kind das eine, so heißt Ihre Absprache: Wir spielen mit dem.

So zeigen wir dem Kind seine Entscheidungskompetenz, wieder trauen wir ihm etwas zu und stärken seine Selbstsicherheit; wir sind in Kontakt, verbringen gemeinsame Zeit, freuen uns daran. Und wir machen gemeinsam die Erfahrung, wie wir uns verabreden können. Diese Fähigkeit wird zunehmend bedeutungsvoll, wenn das Kind heranwächst. Gerade im Zusammenleben mit Jugendlichen, wenn die Ablösung von den Eltern eine bedeutsame Rolle spielt, bewähren sich – neben Regeln – Absprachen besonders, um das Miteinander konstruktiv zu gestalten und immer noch Spaß zu haben.

Die Voraussetzung, mit jemandem eine Absprache zu treffen, heißt: Jeder ist bereit dazu, und jeder ist entscheidungsfähig, so wie es dem Entwicklungsstand entspricht. Die Verabredungen mit Kleinen werden im Rahmen von ja und nein und der Wahl zwischen zwei Möglichkeiten ohne Worte entschieden. Wenn Absprachen mit Hilfe der Sprache getroffen werden können, handelt es sich zunächst auch um ein Auswählen. Kompliziertere Vorgänge benötigen eine größere abstrakte Denkfähigkeit als die, über die ein Baby in der Zeit des Heranwachsens bis zum Kleinkind verfügt.

Auch wenn ich den Vorzug von Absprachen beschreibe, halte ich doch elterliche Anordnungen für ein notwendiges Instrument bei der erzieherischen Begleitung des Kindes, da sie den Wünschen nach Sicherheit und Struktur entgegenkommen. Absprachen sind dann einzusetzen, wenn wir unserem inneren Kind auch ein wenig Spaß beim gemeinsamen Tun einräumen wollen. Eine Verabredung wird dann gut klappen, wenn wir Lust dazu haben, es so zu machen. Lust und Freude tun dem Kind in uns und unserem Kind gut.

Gerade bei Paaren, die schon lange miteinander leben, ehe ein Kind dazukommt, ist die Umgewöhnung an ein unternehmungslustiges Kleinkind schwierig. Die Regale sind bis unten voller wichtiger Bücher o. ä.; der Computer, das Telefon stehen für Erwachsene praktisch da und sind meist für die Kinder gut erreichbar. So wie die Küchenschublade kindgerecht umgeräumt wurde, wird es nun auch für die anderen Räume nötig. Die elterliche Kreativität ist gefragt, um nicht dauernd Verbote erteilen zu müssen. Das macht keinen Spaß für alle und ist anstrengend. Andererseits ist Konsequenz nötig, wenn die Eltern glaubwürdig sein wollen, beziehungsweise das Kind lernen soll und will, woran es ist, welche Regeln es in dieser Familie gibt.

Anregung für Eltern: **Regeln spielerisch aufstellen**

Ihr Kind wird nun täglich unternehmungslustiger und stellt schon einiges an. Sie sind immer öfter gezwungen, nein zu sagen. Ihnen ist nicht wohl dabei, wenn es so häufig geschieht.

Prüfen Sie Ihre innere Haltung dem Kind gegenüber. Sind Sie heimlich voller Freude, daß es so experimentierfreudig ist? Dann wäre es gut, das sich selbst gegenüber offenzulegen.

Eine Idee dazu: Haben Sie Bodenpflanzen? Hat Ihr Kind schon in der Erde gebuddelt? Wahrscheinlich wollen Sie das dem Kind verbieten, aber es ist schwierig durchzuhalten.

Sie könnten sich ausdenken, wie Sie einen Schutz für den Blumentopf basteln könnten. In seiner Nähe könnten Sie etwas Ihrem Kind Erlaubtes (z. B. dicke Kugeln) aufstellen, das auch das Graben und Buddeln möglich macht, ohne der Pflanze zu schaden oder allzuviel Schmutz anzurichten.

Beim Blumentopf-Beispiel «erfand» eine Mutter den Schutz der Erde durch eine Feinstrumpfhose, die sie über den Topf zog. Das Kind konnte die Erde nicht mehr herausholen, sie aber noch die Pflanze gießen. Nach ein paar Wochen erlahmte des Kindes Interesse, und alles normalisierte sich wieder. Die ernste Lösung des Problems wäre das Hinaufstellen von allen Bodenpflanzen gewesen. Noch ernster wäre es, wenn das Ausgraben jedesmal mit einem Nein verhindert würde. Alle Möglichkeiten sind wirkungsvoll. Die Eltern finden am besten selbst heraus, wie es für sie passend ist.

Kinder spielen als Babies und Kleinkinder wenig oder nur für kurze Spielsequenzen miteinander. Es sind viele Vorgaben einer Spielpartei nötig, um Gemeinsamkeit entwickeln zu lernen. Bei Zwillingen oder Kindern, die viel zusammen sind, finden sich natürlich viele Spielmuster. Aber auch die basieren im wesentlichen auf Nachahmung. Die Entwicklungsaufgabe im Spiel heißt ja, das Erwachsenenleben zu üben und Gelerntes jeweils wieder zu überprüfen. Mit manchen Kindern klappt das dann gut, mit anderen nicht oder wenig. Spielkameraden für Kleinkinder als Entlastung der Eltern zu betrachten, ist deswegen schwierig. Der Kontakt der Familien und das gegenseitige immer bessere Kennenlernen führt aber unmerklich zu stetig steigender Abstimmung der Kinder beim Spiel. Interessanterweise geschieht es manchmal, daß die Eltern sich gern leiden mögen, die Kinder aber bereits als Babies sich voneinander abwenden. Auch zunehmendes Alter ändert daran nichts. Es gibt also schon im Babyalter Sympathien und Antipathien.

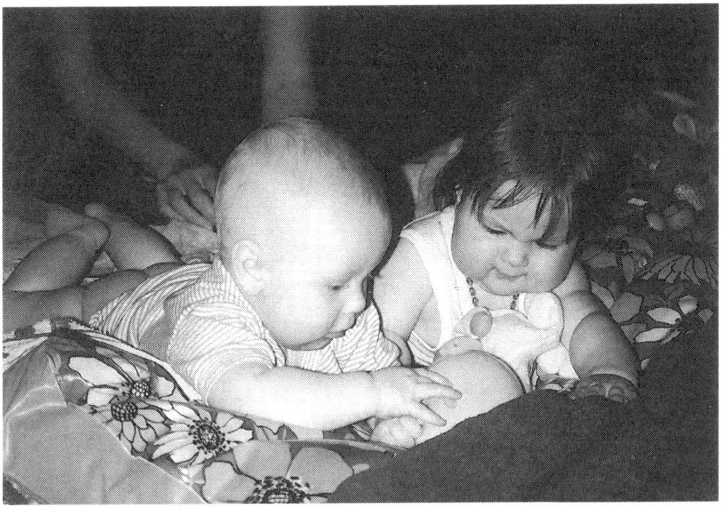

*Abbildung 28: Kind-Kind-Interaktion. Die etwa halbjährigen Kinder interessieren sich für denselben Gegenstand. Sie nehmen ihn sich gegenseitig weg.*

Es ist vorstellbar, daß das kindliche Ich eine Repräsentanz im Gehirn braucht, das heißt, daß dort so etwas wie ein Bild von einem selbst existiert, das mit dem Du verglichen werden kann, so daß beide sich getrennt voneinander wahrnehmen. Erste Schritte, andere Personen voneinander unterscheiden zu können, beginnen mit der Fremdelphase. In den Mutter-Kind-Kursen sieht es so aus, daß ungefähr nach dem Abschluß des Fremdelns das Interesse an anderen Erwachsenen da ist, und diese ein Kind beruhigen können, wenn sie bekannt sind. Die anderen Kinder der Gruppe, die früher zwar angesehen wurden, aber mit denen fast keine weitere Interaktion stattfand, rücken in den Blickpunkt. Ihre Haare, das Gesicht und die Kleidung werden angefaßt, daran gezogen und eine Reaktion abgewartet. Zuvor waren mehr nur die Spielzeuge des anderen interessant.

Anregung für Eltern: **Der Sandkasten**

Sitzt Ihr Kind? Handhabt es den Löffel und möchte damit umgehen wie Sie? Finden Sie, daß es Zeit wäre für den Sandkasten?

Vielleicht ist Winter, oder Sie machen sich Sorgen, Ihr Kind würde zuviel Sand essen. Sie können dasselbe Spielangebot in der Badewanne oder einem Planschbecken zu Hause machen: Statt des Sandes benutzen Sie Gries (oder gegebenenfalls Sojagries oder -mehl). Füllen Sie ein Pfund davon in die Wanne oder das Becken und geben ein kleines Gefäß und einen Löffel dazu. Lassen Sie das Kind möglichst sich selbst dem Becken nähern und hineinkriechen. Wenn Sie dort tätig sind, wird es interessiert sein. (In der Badewanne geht das so leider nicht.) Sie können die Handgriffe vormachen oder nur den Löffel reichen und schauen, was passiert. Der Gries kann in kleinen Mengen gegessen werden. Mit verschiedenen Gefäßen kann das Kind das Umschütten nachahmen oder weitere Spiele erfinden.

Wenn Sie Ihr Kind für das Spiel ausziehen wollen, muß es schön warm im Zimmer sein. Es wäre vorteilhaft, damit kein Gries in den Kleidern bleibt und reibt.
So können Sie die Zeit überbrücken, bis die Gelegenheit, im Sandkasten zu spielen, günstiger ist – ohne Sand zu essen.

Je nachdem wie tolerant Eltern mit Krümeln und Ähnlichem sind, ist es für das Kind schwierig, die Handhabung der Haushaltsgegenstände real, das heißt, beim Essen zu üben. Für den Sandkasten scheint es oft noch zu früh zu sein. Die Möglichkeit, das an einem dafür vorgesehenen Platz zu tun, bietet dem Kind die Chance, es dennoch auszuprobieren und die Fertigkeiten zu erlernen. Die Idee, mit einer Gabel und Nudeln oder mit fein geschnittenen, weichen Gemüsestücken das Selbst-Essen zu beginnen, wäre ein anderer Weg, der wenig matscht. Das Trinken aus der Tasse folgt dem selbständigen Essen. Manche Eltern lassen das Kind lange aus der Flasche trinken, weil das einfacher geht. Der Übergang von Gestillt-Werden zum Aus-der-Tasse-Trinken ist möglich, ohne die Flasche zu benutzen. Bei der Tasse müssen Sie zugegen sein, da es noch leicht kleckert. Allerdings läßt sich das weniger klebrig gestalten, wenn sie mit Wasser gefüllt ist. Dadurch bietet sich auch die Möglichkeit, vom Safttrinken (und anderen, die Zähne schädigenden Getränken) wegzukommen. Die Motivation, selbst zu trinken, kann der Gewöhnung an Süßes entgegenstehen.

Es ist schön, wenn die Angebote des Kindes wahrgenommen werden, einen neuen Entwicklungsschritt zu tun. Wir können auch von ihm etwas lernen.

Wiederum ist jedoch die Art und Weise die beste, bei der sich alle Beteiligten wohlfühlen.

Während dieser Zeit finden noch andere Schritte zur Selbständigkeit statt. Wir können dem Kind zutrauen, sich selbst auszuziehen. Das beginnt meistens mit den Schuhen oder den Strümpfen, setzt sich dann fort mit allem, was es «untenherum» anhat. Die Hosen mit Trägern sind dabei hinderlich, Jogginghosen oder andere mit Gummizug in der Taille befähigen es zum Ausziehen. Das Kleidungsstück wieder anzuziehen, braucht noch viel Zeit und Übung. Dagegen lassen sich die viel zu großen Sachen von Vater und Mutter viel leichter überstreifen: Hüte, Mützen, Handschuhe oder Schals. Auch mit Handpuppen macht das Üben Spaß.

Und es macht ganz viel Spaß, mitzuerleben, wie aus einem Neugeborenen ein Kind wird, das mit den Eltern gemeinsam spielt, krabbelt oder läuft, ißt und sich auszieht.

# 5. Das Wichtigste in Kürze

Da Entlastung für Eltern wichtig ist, möchte ich dieses Kapitel anfügen. Ich gehe davon aus, daß Sie Ihre eigenen Erfahrungen gemacht haben und machen. Hier will ich Ihnen das mitteilen, was mir und einer Reihe anderer Frauen mit dem Kind geholfen hat. Andere mögen andere Wege gutheißen.

Das Kapitel ist nach Stichworten geordnet und zum «schnell mal nachschlagen» gedacht.

Sondersituationen wie Impfungen, Kinderkrankheiten im ersten Lebensjahr sind hier gestreift, ebenso Erste-Hilfe-Maßnahmen zu Hause. Hinweise auf weitere Stichworte sind mit einem (→) versehen.

**Augenkontakt oder Blickkontakt**

Die nur bei dem Menschen gebräuchliche Art, Kontakt zu anderen Menschen aufzunehmen und aufrecht zu erhalten, ist der Blickkontakt. Über den Blick werden durch Mimik und Gestik Informationen ausgetauscht, Gefühle vermittelt, «Gedanken gelesen». Das Kind kennt die Augen der Mutter, ehe es ihr Gesicht kennt.

Der Anblick eines Gesichts löst die Kontaktaufnahme des Säuglings zu der betreffenden Person aus, auch ohne sie als Mutter oder Vater zuzuordnen. Zunächst wird der Umriß des Gesichts kennengelernt, dann die Augen und deren genaue Kennzeichen wie die Form der Augenbrauen etc., schließlich Mund- und Nasenpartie. Dann wird das bekannte Gesicht von anderen unterschieden und die Mimik verstanden. Weitere Informationen entnehmen die Kinder der Gestik und der Stimm-Melodik der Bezugsperson aufgrund ihrer intuitiven Fähigkeiten (→ intuitive Beelterung, Interaktion).

**Autonomie (auch Selbständigkeit)**

Selbständige Menschen sind in gutem Kontakt mit anderen und unabhängig von ihnen im Denken, Fühlen und Verhalten. Daraus resultieren Entscheidungsfreiheit und -fähigkeit, problemlösendes Verhalten und Kooperationsfähigkeit.

**Bindung**

In der Beziehung zu Mutter oder Vater lernt das Kind, wie man in dieser Familie miteinander Kontakt hält. Das Kind lernt die Hauptbezugsperson immer mehr kennen und bindet sich an sie. Je nachdem wie zuverlässig das Kontaktangebot des Erwachsenen war, formt das Kind daraus den Weg, seinerseits Beziehungen zu gestalten. Spätere Beziehungen dienen ebenfalls als Vorbild für Beziehungsmuster. Man unterscheidet verschiedene Bindungstypen: Sicher gebundene Kinder sind im Kontakt kooperativ und kreativ, unsicher gebundene zeigen sich von den Bezugspersonen abhängig, verhalten sich ihnen gegenüber unterschiedlich nahe (ambivalent)oder vermeiden eine nahe Beziehung.

Bindung zwischen Eltern und Kindern entsteht nicht nur zwischen leiblichen Eltern und Kindern, sondern bildet sich zu jedem betreuenden Erwachsenen – und umgekehrt – mit dem ein Kind lebt.

Bindungsauslöser sind das Kindchenschema, Lächeln, Weinen auf der einen Seite, das intuitiv passende Eingehen darauf auf der anderen Seite.

**Bekleidung**

Die passende Bekleidung für Babies und Kleinkinder ist eine, die die kindliche Bewegungsfähigkeit nicht einschränkt (z. B. Jeans tun das, denn sie sind zu starr).

Wenn der Nacken oder die Brust gut temperiert sind, das heißt, weder feucht oder heiß noch kalt sind, ist das Kind richtig angezogen. Kalte Händchen und Füßchen sind lange Zeit normal, da der Kreislauf zunächst die Körpermitte wärmt und für den ganzen Körper gleichermaßen anfangs nicht kräftig genug ist.

Neugeborene haben manchmal Eingewöhnungsschwierigkeiten. Wenn man ihnen dann den vertrauten Hautkontakt an den Beinen und Füßen läßt, indem man sie statt in eine Strampelhose in ein Tuch einschlägt, dann beruhigt sie das meistens. Möglich ist auch, aus einem dünnen Wollstoff ein Säckchen zu nähen, das man in der Taille zuziehen kann, so daß es bei lebhaften Kindern nicht weggestrampelt wird.

**Babymassage, Körperkontakt**
Das ist eine Massagemethode, die von Frédérick Leboyer (Leboyer, 1996) in Indien erlernt und nach Europa gebracht wurde. Sie folgt bestimmten Regeln, im Wechsel anregend oder entspannend das Baby zu massieren. Das Grundbedürfnis nach (→) Hautkontakt und Berührung wird auf spielerische, ritualisierte Weise (→ Ritual) befriedigt. Auch der oder die massierende Person entspannt sich dabei.

**Babyblues**
Nach der Geburt gibt es bei der Mutter etwa um die Zeit des Milcheinschusses (→ Stillen, Umschläge) herum, eine Zeit, in der sie «nahe am Wasser gebaut hat» oder glaubt, nie eine gute Mutter werden zu können, und sich nicht so recht über das Baby freuen kann. Da in der Klinik die Babies heute ja überwiegend bei den Müttern sind, so daß diese wenig Zeit für solche Gefühle haben, entstehen sie oft beim Nach-Hause-Kommen. Die Frau fühlt sich, als würde sie nicht geliebt. Der Partner ist derjenige, der helfen kann: Wenn er die Partnerin in den Arm nimmt, nicht nach Erklärungen fragt, denn die Frau kann es selbst nicht erklären, sondern alle Zeichen von Zuneigung gibt, löst sich diese Situation bald auf. Blumen können helfen, ebenso ein schön gedeckter Tisch oder Ähnliches, wenn Frau und Kind aus der Klinik heimkommen. Feiern Sie, daß Sie Eltern sind! Erstaunlicherweise spielt bei Hausgeburten der

Babyblues keine wichtige Rolle. Es scheint, als sei das Gefühl von Sicherheit dabei bedeutsam, hier: das Zuhause-Sein.

**Baden**

Es ist nicht nötig, Babies jeden Tag zu baden, da sie eigentlich nicht schmutzig werden. Für viele ist aber das Bad entspannend und deshalb als Abendritual (→ Ritual) einzusetzen. Bei der Badetemperatur können Eltern sich nach einem Thermometer, aber auch nach ihrem Gefühl richten. Manche Babies baden gern weniger warm als für sie vorgesehen ist.

Beim häufigen Baden ist auf Rückfettung der Haut zu achten. (→) Babymassage zuvor – oder, je nach Bedarf, danach – erweitert das Ritual und pflegt die Babyhaut. Bewährte Öle sind: Hauschka, Schlehenblüten Haut- und Massageöl oder kaltgepreßtes Olivenöl.

Neugeborene genießen das Baden sehr, allerdings ist das eine Maßnahme, die in anderen Kulturen überwiegend nicht angewandt wird. Man reibt dort die Babies ab und hüllt sie in ein Tuch (→ Bekleidung).

**Bilirubin**

Nach der Geburt müssen im kindlichen Kreislauf die Blutkörperchen abgebaut werden, die während der Zeit in der Gebärmutter tätig waren und anders funktionieren als die, die jetzt den Luftsauerstoff transportieren müssen. Dies geschieht in der Leber und der Milz, dann werden die Zerfallsprodukte, unter anderem das Bilirubin, der gelbe Blutfarbstoff, der im Blutkreislauf transportiert wird und das Baby oft sehr gelb aussehen läßt, über den Darm ausgeschieden. Viel Stillen und zusätzliche Flüssigkeit helfen bei der Ausscheidung. Falls das gelbe Aussehen deutlich vor dem fünften Tag eintritt, helfen Hebamme oder Arzt, bzw. die Kinderkrankenschwester bei der weiteren Behandlung. (Die Fototherapie ist eine bewährte Behandlungsmethode. Dabei liegt das Kind nackt mit verbundenen Augen, damit es nicht geblendet wird, unter einem speziellen Licht. Leider ist dafür in vielen Kliniken die Trennung von der Mutter üblich.) Die Mutter kann bei Bedarf frühzeitig zur Unterstützung Maishaartee oder Petersilientee geben – und selbst trinken. Zubereitung: 1 Handvoll Maishaare oder Petersilienblättchen (keine Stiele) in 1 Liter Wasser geben und auf kleiner Flamme 1 Stunde köcheln lassen, abseihen, warmhalten, 1-4 Tassen pro Tag trinken, dem Baby soviel nach dem Stillen geben, wie es nimmt. Beide Mittel wirken leberfunktionsstärkend und ausschwemmend.

**Eigene Wirksamkeit**

Sie beruht auf der kindlichen Integrationsfähigkeit (→ frühkindliche Integrationsfähigkeit). Ab etwa dem letzten Schwangerschaftsdrittel reagiert das Ungeborene auf Reize von außen oder löst solche selbst aus. Es verwertet Sinneseindrücke, um sie in Handlung umzusetzen. In der Beziehung erprobt es die Folgen seines Tuns und läßt weiteres – gemeinsames – Handeln folgen. Es beginnt und beendet Interaktionen. In allen diesen Handlungen erprobt und vervollkommnet es seine Wirksamkeit und erfährt etwas über die Beziehung.

**Eindeutigkeit**

Dabei handelt es sich um ein wichtiges Instrument der erzieherischen Begleitung von Kindern. Eindeutigkeit schafft Sicherheit und Verständnis. Auch in den elterlichen Meldungen mit Gestik einerseits und Worten andererseits sollte Eindeutigkeit und Übereinstimmung herrschen, so daß man dem Kind nicht zwei verschiedene Botschaften übermittelt. Das verwirrt es.

**Eltern-Kind-Beziehung**

Kinder müssen in der Zeit des Heranwachsens möglichst optimal durch einen erwachsenen Menschen betreut und umsorgt werden. Der wird zur Hauptbezugsperson. Mit Hilfe biologischer Signale, nämlich Mimik und Gestik, Lautmalerei und Rhythmus der Stimme (→ Melodik) sowie mit Worten nehmen die Beziehungspartner zueinander Kontakt auf. In dem Kontakt binden (→ Bindung) sie sich aneinander. Das gilt auch später im Leben für neu zu knüpfende Beziehungen.

**Eltern-Kind-Gruppen**

Gute Eltern-Kind-Gruppen zeichnen sich dadurch aus, daß sie zurückhaltend, im Kontakt mit den TeilnehmerInnen geleitet werden, deren Interessen wahrnehmen, jedoch Angebote machen, die vorbildhaft für Elternschaft sind. Es sollten nicht zu viele Spielangebote gemacht werden, vielmehr sollte Zeit und Möglichkeit für angeleitete Gespräche und Raum für eigene Ideen gegeben sein. Das sind Ideale, aber in der Realität können Eltern darauf achten, daß sie sich dort wohlfühlen, indem ihr Eigenes Platz findet und sie dafür sorgen, daß die Gedanken der Prävention umgesetzt werden.

**Erste Hilfe**

Bei Unfällen oder Notfällen ist es wichtig, die Maßnahmen genau zu kennen. Beim Roten Kreuz und der Johanniter-Unfallhilfe gibt es Kurse zur Ersten Hilfe für Kinder.

Was Sie bei leichten Unfällen tun können: Schrammen und Schrunden mit Calendula Essenz (Weleda) nach Angabe verdünnt spülen/übergießen. Bei Blutergüssen helfen (→) Arnika-Umschläge von außen, die man aber nicht bei offenen Wunden anwenden sollte, dann wieder Calendula. Allgemein gilt: nässende, blutende Wunden sind am besten mit Flüssigem (Spülungen, vorübergehend feuchte Auflagen), trokkene Wunden mit Cremes oder Ölen (z. B. Juckreiz mit Johanniskrautöl oder Calendulaöl) zu behandeln.

**Frühkindliche Integrationsfähigkeit**

Obwohl sich immer noch die Überzeugung vom «dummen Vierteljahr» aufrecht erhält, sind Babies ab dem letzten Schwangerschaftsdrittel in der Lage, Zusammenhänge zu begreifen und dies auch deutlich zu machen, wenn der Erwachsene nur aufmerksam genug ist. Diese Fähigkeit beginnt bereits in der Gebärmutter. Mit zunehmender Reifung des Kindes werden die integrierten Muster leichter beobachtbar, denn das Kind zeigt es durch Wiedererkennen. Unter anderem am Beispiel der Greifentwicklung oder auch der Spracherkennung und -bildung läßt sich das verdeutlichen. Es ist eine spezifisch menschliche Eigenschaft, die die «physiologische Frühgeburt» und damit Unreife kompensieren (gegensteuern) hilft. Der Säugling beobachtet, merkt sich das, prüft nach, bildet Erwartungen und prüft erneut. Bedeutsam dabei ist seine eigene Aktivität und Wirksamkeit. Vorbedingung für die Fähigkeit ist das «entspannte Feld», das heißt, das Nahrungs- und Sicherheitsbedürfnis müssen befriedigt sein. Unterstützend für die Integrationsleistung ist das intuitive elterliche Verhalten der Bezugspersonen.

Einige Beispiele kindlicher Fähigkeiten (Haug-Schnabel, 1994) sind folgende: Die Sehfähigkeit in dem von den Eltern angebotenen Abstand, Hörfähigkeit besonders des melodischen Singsangs der «Babysprache» der Eltern, Riechfähigkeit, um die Mutter zu erkennen, aktives Suchen von Gewünschtem, z. B. der Mutterbrust, Fähigkeit, Personen voneinander zu unterscheiden, die Fähigkeit, Mimik oder Laute nachzuahmen. Die Liste wäre noch weit zu verlängern.

### Gefühle und Gefühlsübernahme

Es gibt die Grundgefühle: Liebe/Freude, Angst, Trauer, Wut. Wenn in einer Familie bestimmte Grundgefühle nicht erlaubt sind, lernt ein Kind, stattdessen andere, dann erlaubte Gefühle zu zeigen, sogenannte Ersatzgefühle. Schon im Uterus nimmt der Foetus die Gefühle seiner Mutter wahr und reagiert darauf. Die Gestimmtheit der Eltern versetzt auch einen jungen Säugling in Ruhe oder in Unruhe, er zeigt dann Zeichen der (→) Selbstberuhigung. Die Fähigkeit zur Empathie hat eine wichtige Bedeutung bei der Beziehungsentwicklung – auch bei Erwachsenen. Das Kind überprüft im Kontakt mit dem Beziehungspartner, ob seine Gefühlswahrnehmung und sein Gefühlsausdruck angemessen sind. In den Familien gibt es

Traditionen, bestimmte Gefühle zu tabuisieren, oder Lieblingsgefühle. Ein ausgeglichener und angemessener Umgang mit Gefühlen dient dem Kind als positives Beispiel.

**Impfung**

Im ersten Lebensjahr werden alle Kinder geimpft, wenn die Eltern nichts dagegen haben. Heute werden neben den Impfungen gegen Kinderkrankheiten (Masern, Röteln) meistens folgende Impfungen empfohlen: BCG (gegen Tuberkulose), Polio (gegen Kinderlähmung), Diphterie, Tetanus (Wundstarrkrampf), HIB (gegen Haemophilus Influenza) und Hepatitis B. Neben dem Infektschutz bergen Impfungen auch Risiken in sich, die sowohl in den Inhaltsstoffen der Impfung als auch in der Art der Verabreichung liegen. Die Gegner von Impfungen sprechen von Impfschäden, die sich mehren. Für die Vorüberlegungen sind hier noch ein paar Gesichtspunkte nebeneinandergestellt, die zu beachten sind (H. Niederhoff, 1997, F. Graf, Die Impfentscheidung):

Betreuen die Mutter oder der Vater regelmäßig das Kind, so daß es nicht aus dem Haus gebracht werden muß, dann kann es sich für die Krankheit Zeit nehmen, die Familie gerät nicht unter Druck. Aus kindlicher Sicht wäre das der beste Weg. Damit wäre eine Impfung gegen die Kinderkrankheiten nicht oder noch nicht in den ersten vier Monaten notwendig.

Bei der Abwägung, wann und welche Impfungen gegeben werden, sollte dieser Gesichtspunkt mit einfließen. Zusätzlich ist wichtig, ob es in der Familie Allergien gibt, und auf welchem Trägerstoff die Impfung verabreicht wird. Falls es sich dabei um Eiweiße handelt, ist abzuraten, die Impfung vor Ende des ersten Lebensjahres durchzuführen. Mit zunehmendem Alter werden die Kinder gegen Fremdeiweiße widerstandsfähiger. Überhaupt spielt der Impfzeitpunkt genauso eine wichtige Rolle wie die Lebensumstände der Familie. Reisen die Eltern viel ins Ausland, arbeitet ein Familienmitglied mit Ausländern oder sind ältere Geschwister im Kindergarten, so ist früher an Impfung zu denken, als wenn das

Baby behütet zu Hause heranwächst und im allgemeinen keiner absehbaren Infektionsgefahr ausgesetzt ist. Das Gespräch mit dem Kinderarzt, der ja ein Mensch ihres Vertrauens sein sollte, kann den Eltern die nötige Information verschaffen, ob auch an eine spätere Impfung zu denken ist. Von einer Impfung aller Immunisierungen auf einmal würde ich abraten, weil dadurch der kleine Organismus erheblich belastet wird. Impfungen sind auch an mehreren Terminen denkbar, wenn auch unüblich. Ganz ohne Impfung das Kind großzuziehen, braucht eine kontinuierliche (nach meiner Überzeugung: auch klassisch-homöopathische) Begleitung durch den Arzt.

**Interaktion**
Hier handelt es sich um eine längere Verhaltensabfolge zwischen Interaktionspartnern. In früher Kindheit findet sie mit Hilfe von Mimik, Gestik und Lauten fein aufeinander abgestimmt meist in körperlichem Kontakt statt. Sie wird durch Zeichen von Ermüdung, Desinteresse oder durch Abwenden beendet.

**Intuitive Beelterung**
Ähnlich wie die soziale Kommunikation beruht die Fähigkeit zum intuitiven elterlichen Verhalten auf angeborenen Verhaltensmustern im Umgang mit Babies. Sie ist transkulturell, nicht an ein Geschlecht oder den Familienstand gebunden, d. h. Männer und Frauen und Kinder ab ca. zwei oder drei Jahren zeigen sie gleichermaßen, unabhängig von der Tatsache der Elternschaft (siehe Abbildung 18: Interaktion zwischen Schwester und Bruder).

**Kinderkrankheiten**
Hier möchte ich die Krankheiten herausgreifen, die im ersten Lebensjahr von Interesse sein können. Zunächst ist die *Augenentzündung* in der ersten Lebenswoche zu nennen, die nicht von der Silbernitratgabe (Credé-Prophylaxe) nach der Geburt herrührt, sondern unter der viele Neugeborene leiden.

Das erste Heilmittel kann Muttermilch sein, die gezielt ins Auge abgedrückt wird. Meistens geht die Entzündung von allein zurück. Die Hebamme und der Kinderarzt bei den Vorsorgeuntersuchungen beraten die Eltern.

*Hexenmilch* haben manche Neugeborenen in den ersten Wochen. Aus den Brustwarzen kommt dabei etwas Milch. Sollte das nicht zurückgehen oder sich entzünden, fragen Sie die Hebamme oder den Arzt. Es ist zunächst kein Grund zur Beunruhigung.

*Ein Hämatom* (Bluterguß oder Geburtsgeschwulst) ist die Folge einer ungewöhnlichen Belastung des Köpfchens unter der Geburt und bildet sich bald von selbst zurück.

*Schnupfen* in Form einer verstopften Nase gibt es häufig im ersten Vierteljahr, da die Nasengänge noch sehr klein sind und die manchmal beim Bäuerchen hochgerülpste Milch die Nasenlöcher verstopft. Auch hier kann Muttermilch nutzen. Später ist bei Schnupfen eine physiologische Kochsalzlösung herkömmlichen Nasentropfen vorzuziehen, da es vor allem um die Durchgängigkeit der Nase geht, um im Mittelohr einer Verstopfung vorzubeugen. Die könnte zu Ohrenschmerzen und weiter zu einer *Mittelohrentzündung* führen. Die Nase mit Muttermilch oder Kochsalzlösung offen zu halten, wirkt prophylaktisch. Andauernder, sonst unauffälliger Fließschnupfen (durchsichtiges bis weißes Sekret) im Krabbelalter ist keine gravierende Infektion, deutet aber an, daß für den nächsten Entwicklungsschritt nicht die nötige innere Energie da ist.

*Husten* ist oft auch eine Folge von Schnupfen und ebenfalls mit dem Durchgängigmachen der Nase zu behandeln; Hustentees für ältere Säuglinge können helfen, spezielle Baby-Hustensäfte (alkoholfrei) nützen mehr. Ganz gute Erleichterung bringen ätherische Öle auf dem Kopfkissen oder dem Hemdchen (Latschenkiefernöl) für Kleine oder Brustwickel (→ Umschläge) (siehe auch Literaturverzeichnis. Beispielsweise Quarkwickel lindern die Entzündung der Bronchien und lösen den Schleim. Sie werden auf ein vorgewärmtes Tuch dünn aufgestrichen, dann eingeschlagen und brustbreit um den Oberkörper des Kindes gewickelt. Drumherum wickelt man ein Handtuch o. ä. und läßt den Wickel die ganze Nacht dran.

*Halsweh* können Eltern nur schwer beim Kind feststellen. Wenn es festzustellen ist, dann hilft ein Halswickel (→ Wickel und Umschläge).

Bei *Bauchweh* hilft manchen Kindern Oleum Lactagogum (überwiegend aus Kümmelöl bestehend) in den Bauch einmassiert und Fencheltee von innen. Zusätzlich ist eine Haltung des Kindes, bei der der Bauch unterstützt und gegebenenfalls massiert wird, zu bevorzugen.

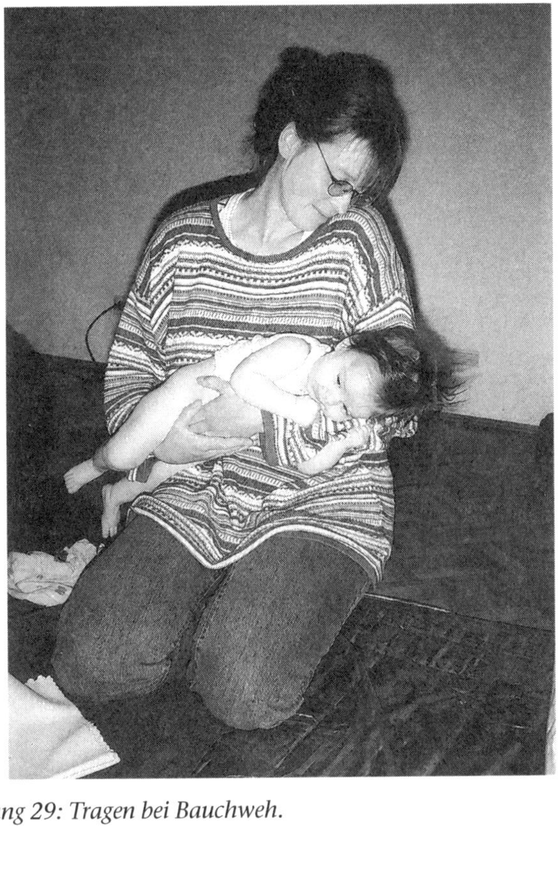

*Abbildung 29: Tragen bei Bauchweh.*

Manchen Kindern hilft Zuspruch, und über den Beinen der Eltern auf dem Bauch Liegen. Während der ersten Zeit nach der Geburt zeigen die Babies mit Beine-Hochziehen und Weinen, daß sie noch etwas Zeit brauchen, sich an dieses Leben und die Familie zu gewöhnen. Das wird den Eltern auch so gehen. Bauchschmerzen wegen *Blähungen* gibt es weniger, aber bei Bauchweh werden oft Blähungen frei. Die Stillende kann ihrem Kind vielleicht helfen, wenn sie ihre Ernährung daraufhin überprüft, ob das Baby etwas nicht verträgt (Weißbrot oder Vollkornnahrung, Zucker, Vollmilch usw.).

Im ersten Jahr kann als erste Kinderkrankheit das *Drei-Tage-Fieber* auftreten, bei dem die Kinder hoch (über 39 °C) fiebern und der Ausschlag am dritten Tag das Ende der Krankheit anzeigt. Ruhe, eventuell ein Hungertag bei nicht mehr gestillten Kindern, viel Trinken (Tee oder Wasser zusätzlich) und die liebevolle Zuwendung helfen.

*Fieber* kann auch bereits bei kleineren Infektionen auftreten. Die Behandlung heißt immer: Das Kind zu Hause lassen, nicht nach draußen gehen, aber lüften und für Ruhe und Zuwendung sorgen, wenig essen, aber genügend trinken (kein Fernsehen und keine Hektik). Bewährte Maßnahmen sind auch Einläufe (Stellmann, 1996) und Wadenwickel bei sehr hohem Fieber. (→Wickel). Wenn das Kind zur Ruhe kommt und schläft, ist das als gutes Zeichen zu werten.

Säuglinge haben meistens eine Normaltemperatur von leicht über 37 °C, Anstiege auf 39 °C und höher sind nicht selten, aber als gesunde Reaktion zu werten, solange das Kind nicht phantasiert oder weint. Im ersten Lebensjahr ist für Krisensituationen nicht nur der Arzt, sondern auch die Hebamme Ihres Vertrauens zuständig. Eltern können mit der Hebamme besprechen, ob sie sich kompetent fühlt.

*Durchfall* gehört zu den ernsten Krankheiten im ersten Lebensjahr, da die Babies sehr schnell austrocknen und dann ernste Gefahr besteht. Der Durchfall eines Stillkindes stinkt, ist meist wässrig mit wenig festen Anteilen und auffällig häufig. Erstbehandlung: Weiterstillen, prüfen, wie faltig die Ringelchen werden, wenn man sie zusammenfaßt und bald den Kinderarzt benachrichtigen (→ Stuhlgang).

*Pickel oder Ausschlag* bekommen fast alle Babies in den ersten Wochen nach der Geburt, man kann sich das als eine Art Reinigungsvorgang vorstellen. Sie sind harmlos.

*Wundsein* entsteht manchmal, wenn die Stillende etwas Scharfes oder Saures gegessen hat, in den wunden Bereichen siedelt sich möglicherweise ein Pilz (Soor) an, der behandelt werden muß. Wundsein begegnet man am besten mit viel Frischluft am Po und indirekter Sonne. Es empfiehlt sich, keine zinkhaltigen Cremes zu verwenden, weil die Poren damit zugeklebt werden. Calendulacreme 20% (DHU) wirkt gut. Bei sehr wundem Po kann man im Wechsel mit der Creme zwei bis drei Mal am Tag Heilerde wie Puder draufstreuen, da sie austrocknet. Die Windelwahl ist zu überprüfen, manche Kinder vertragen leider keine Stoffwindeln, oder diese müssen doch gekocht werden. (Normalerweise reicht die 60° Wäsche.)(→Wickeln)

**Kindliche Integrationsfähigkeit**

Alltägliche Ereignisse nimmt ein Kind wahr. Es speichert die Wahrnehmung im Gehirn als Erfahrung ab. Auch in neuen Situationen gelingt es ihm, Ähnlichkeiten mit bereits früher gemachten Erfahrungen zu erkennen und daraus Rückschlüsse für weitere Handlungen zu ziehen. Manche Kinder prüfen deren Richtigkeit durch Versuch und Irrtum und nähern sich der passenden Reaktion auf diese Weise an, andere vollziehen die Prüfung innerlich durch Nachdenken und erreichen so das passende Reaktionsergebnis.

**Kindliche Kompetenz miteinbeziehen**

Kinder sind von Geburt an kompetente Wesen. Abhängig von ihrem Entwicklungsstand kann ihnen etwas zugetraut werden, sie können die Entwicklung der Beziehung aktiv mitgestalten. An den Handlungen des Alltags können sie von Geburt an ihren Teil beitragen, z. B. beim Wickeln, Hochheben, Umdrehen oder auch beim Essen, Trinken , Aus- und Anziehen. Das Können zu zeigen, steigert das (→) Selbstwertgefühl.

**Konfliktbewältigung**
Schon ganz früh läßt sich ein Kind zur Konfliktfähigkeit erziehen, indem man es seine Eigenständigkeit erproben läßt, ihm die Gelegenheit bietet, Probleme zu lösen, Frustrationstoleranz beim Warten-Müssen lehrt und auf deckungsgleiche Meldungen der Worte, (→) Mimik und Gestik achtet. Spielerisch läßt sich der Umgang mit Absprachen üben (siehe Kap. 4).

**Kopfkontrolle**
Sie ist von Geburt an möglich, wenn nicht die Bauch- und Halsmuskeln den Kopf halten müssen, sondern die seitlichen Halsmuskeln mit Hilfe der Schulter. Unterstützt man ein Kind nur im Becken und balanciert es etwas aus, so hält es dabei selbst den Kopf. Eine leicht nach vorn geneigte Tragweise des Babies unterstützt die Kopfkontrolle und einen Teil von Eigenständigkeit.

**Medikamente**
Alkoholgelöste Arzneimittel sind zu vermeiden, Zuwendung und Ruhe helfen bei einfachen Krankheiten. Oft helfen gezielt eingesetzte (→) Wickel und Umschläge.

Medikamente für Kinder sind nur in Absprache mit dem Arzt einzusetzen. (→) Umschläge und – ebenfalls in Absprache angewandte – pflanzliche oder homöopathische Medikamente sind milde Behandlungsmittel und deshalb vorzuziehen.

**Milcheinschuß**
Zwischen dem zweiten und etwa dem fünften Tag bildet die Brust die reife Frauenmilch, davor genügt dem Baby das Kolostrum (Vormilch). Es sollte nach Möglichkeit nur in Sondersituationen (z. B. Gelbsucht →Bilirubin) Tee zugefüttert

werden. Je weniger am System «Stillen» verändert wird, desto leichter spielt es sich ein. Der Milcheinschuß gilt als schrecklich, wie der Name schon sagt. Mit Gelassenheit und einigen Ideen zur Linderung der Brustspannung ist er gut zu bewältigen.

Wenn die reife Milch produziert wird, muß die Brust sich erst auf diese Spannung einstellen und den Milchfluß «üben». Den Müttern helfen Umschläge. Mag die Frau lieber Warmes an der Brust, lindert wahrscheinlich ein warmer Quarkumschlag oder einfach heißes Wasser beim Duschen die Spannung. Bevorzugt die Frau Kaltes, so empfiehlt sich ein kalter Quarkumschlag (Zubereitung → Umschläge), der zwischen zwei Stillmahlzeiten aufgelegt wird. Bei (→) Milchstau oder Brustentzündung ist er ebenfalls wirksam. Zusätzlich weiß die Stillberaterin oder die Hebamme Rat.

**Milchstau**

Manchmal gibt es während der Stillzeit Ereignisse, die der Frau Streß bereiten. Die schlagen sich dann an dem Organ nieder, das gerade am empfindlichsten ist, der Brust. Das bedeutet, Streß sollte die Frau während der Stillzeit meiden. Wenn es dann doch einmal zum Milchstau kommt, so deutet er sich dadurch an, daß es schmerzhaft ist, das Kind vor einer der Brüste auf dem Arm zu halten, der Schmerz beim Stillen kommt erst in fortgeschrittenem Stadium. Sollte sich eine Schmerzstelle zeigen – oft unter der Brust und oft leicht gerötet – so ist das Ausstreichen besonders dieses Areals nötig und hilfreich. Abschaffen der Streßsituation, Ruhe, Weiterstillen und Quarkumschläge unterstützen die Heilung. Das Kind kann so angelegt werden, daß beim Saugen der Unterkiefer an der schmerzenden Stelle liegt (Lothrop, 1998). Wenn der Stau nicht beachtet wird, kann sich leicht eine Entzündung mit Fieber daraus entwickeln. Die behandelt die Hebamme. Homöopathische Mittel haben sich dabei bewährt (Graf, 1994). Natürlich kann bei allen Problemen in Schwangerschaft und Stillzeit die Hebamme um Rat gefragt werden.

Listen haben der regionale Hebammenverband, Ihr Gesundheitsamt, die Gynäkologen, Eltern-Kind-Zentren oder Stillgruppen.

**Mimik, Gestik, Sprachmelodik**
Kommunikationsmittel in der vorsprachlichen Zeit sind vor allem der (→) Blickkontakt, Lächeln, Gesichtzuwenden, Ammensprache, die in erhöhter Stimmlage und rhythmisch-melodisch dem Kind dargeboten wird. Das antwortet altersgemäß mit Tönchen oder Lauten, beides wird in allen Merkmalen intuitiv aufeinander abgestimmt und dient der Entwicklung der (→) Eltern-Kind-Beziehung.

**Rituale**
Rituale sind Situationen oder Handlungen, die regelmäßig wiederkehren. Die Befriedigung des Bedürfnisses nach Struktur durch deren Voraussagbarkeit macht Rituale zu einem wichtigen Gestaltungselement in der erzieherischen Begleitung des Kindes.

Rituale im Alltag sind zum Beispiel gemeinsame Mahlzeiten oder Einschlafrituale wie Singen oder Erzählen. Besonders in Situationen, in denen eine entspannte Stimmung hilfreich ist, bewähren sie sich. Das erklärt ihre gute Wirkung, nachdem das Kind sich wehgetan hat.

**Sauberkeitserziehung**
Sie ist kein Thema der ersten eineinhalb Jahre. Die Kinder müssen ihre Blasen- und Darmfunktion kontrollieren können. Sie werden am besten im Sommer (vielleicht ihrem zweiten oder dritten) sauber, wenn sie neben dem Fühlen durch Zusehen das Geschehen prüfen können und im Gehirn dies und die notwendige Handlung verknüpfen können. Das geht leichter, wenn sie ohne Hose herumlaufen.

**Schnuller, Fläschchen**

Schnuller beruhigen Babies und befriedigen das Saugbedürfnis. Als Einschlafhilfe sind sie wertvoll (→ Selbstberuhigung). Problematisch wird ihre Verwendung, wenn mit ihnen andere Bedürfnisse (z. B. nach Beachtung) oder Gefühlsäußerungen zugedeckt werden. Die Gewöhnung an den Schnuller tritt bei solchen Situationen und bei zu häufigem Gebrauch auf. Freiwillig legen die Kinder ihn dann frühestens zum Kindergartenalter ab. Ferner behindern manche – kiefergerechte – Schnuller die Beweglichkeit der Zunge, so daß einem kirschförmigen Schnuller der Vorzug zu geben ist. Noch einfacher wäre ein Seidentuch, um daran zu nuckeln.

Oft dienen Fläschchen demselben Zweck. Wenn Wasser darin ist, schaden sie den Zähnen weniger, als wenn es sich um süße oder süß-saure Flüssigkeiten handelt. Die Geschmacksbildung und -gewohnheit durch Getränke ist kaum rückgängig zu machen. Viel Trinken macht das Durchschlafen schwerer, weil die Windel zu naß wird. Getränke haben Einfluß auf eventuelles Wundsein: etwa saure Flüssigkeiten.

**Selbstberuhigung**

Durch Saugen an den Händchen und Fingern oder den Kleidern, auch an einem Schnuller, zeigen Babies, daß sie beunruhigt sind oder sich aus anderem Grund beruhigen müssen. Man kann auch andere Formen der Selbstberuhigung sehen, wenn zum Beispiel das Kind mit seinen Händen spielt und sich ganz auf sich selbst konzentriert oder sich räkelt, streckt oder einen Gegenstand anstarrt.

**Selbstwertgefühl, Selbstsicherheit oder Ich-Stärke**

Die Fähigkeit, sich mit sich selbst gut zu fühlen, sich seiner selbst sicher zu sein, die eigene Wirksamkeit (→ Kindliche Kompetenz miteinbeziehen) angemessen einschätzen zu können, entsteht während der Jugend, besonders der ersten Jahre in der Beziehung zu den Hauptbezugspersonen. Der angemessene Umgang mit (→) Gefühlen und den Grundbedürfnissen führt zu einer selbstsicheren und kooperativen Zusammenarbeit mit anderen.

**Soziale Kommunikation**

Von Geburt an kommunizieren Eltern und Kind mit Mimik, (→) Gestik und Stimmelodie. Eltern handeln (→) intuitiv passend für das Kind, und beide verstehen sich angeborenermaßen. In den Verhaltensabfolgen lernen sie sich kennen und (→) binden sich aneinander. Verhaltensmuster sind z.B. Augengruß, Gesichtzuwenden, den kindlichen Rhythmus übernehmen. Das Kind zeigt unter anderem Aufmerksamkeit, Entspanntheit, (→) Blickkontakt und erwidert den Augengruß.

**Stillrhythmus**

Den Stillrhythmus gewöhnt sich das Kind im etwa ersten Halbjahr selbst an. Wenn man ihm aber Vorgaben macht, erleichtert das den Eltern zu erkennen, was das Bedürfnis des Babies gerade ist, so daß sie es angemessen befriedigen können. Hunger kann dann gegebenenfalls ausgeschlossen werden. Physiologische Stillabstände sind zwischen ca 2–3 und 4 Stunden. Unter ca 1, 5 Stunden vermischt sich möglicherweise angedaute mit neuer Milch, was zu Sodbrennen führen kann, und viel Geschrei zur Folge hat. Dann wieder zu stillen oder Nahrung zu reichen, bewirkt die Verstärkung der Probleme. Etwa angepaßt an die kindliche Stillfrequenz läßt sich ein Still-Abstand festsetzen. Andere Kulturen stillen ausschließlich nach Bedarf. Der persönlich am besten passende Stillrhythmus kann bei Problemen mit Unterstützung einer Hebamme oder einer Stillberaterin herausgefunden werden.

**Stuhlgang**

Säuglinge haben ganz unterschiedlich oft Stuhlgang. Bei einem Stillkind ist es nicht bedenklich, wenn es nur alle Woche, sogar länger, wenn es einen guten Eindruck macht, Stuhlgang hat. Dasselbe Kind kann auch mehrmals täglich die Windel voll haben. Im ersten Fall wird die Muttermilch fast völlig aufgebraucht, im zweiten gibt es reichlich davon. Der Stuhlgang eines Stillkindes riecht in der Regel fruchtig-angenehm. Ist dies nicht der Fall, kann ein Darmproblem da sein. Wird zugefüttert, so ändert sich der Geruch schlagartig. Jetzt ist auf regelmäßigen Stuhlgang zu achten. Mechanische Maßnahmen, ihn auszulösen, bewirken einen Eingriff in die normale Darmtätigkeit und sind deshalb zu vermeiden. Die Nahrung kann entsprechend verändert werden, es gibt Nahrung für weichmachenden Stuhl.

**Tragen**

In einer Studie konnte gezeigt werden, daß von Anfang an getragene Kinder wesentlich ruhiger waren, weniger weinten, dass die Eltern ihre Bedürfnisse eher erkennen konnten und die Beziehung dadurch unterstützt wurde (Untersuchungen der Forschungsgruppe Verhaltensbiologie des Menschen (FVM), siehe Adressenliste).

Tragehilfe sind das Tragetuch, in dem das Kind liegen oder sitzen kann (siehe Abbildung 22: Im Tragetuch)

Lange Tücher eignen sich zum vorn und hinten Tragen, sowie zum Hüftsitz dann für die Größeren (siehe Öko-Test, 1998). Der Rücken des Kindes sollte fest unterstützt sein, um die Entlastung der Wirbelsäule zu gewährleisten (was nicht alle Tragesäcke tun). Für die Eltern selber und auch für das Kind ist es wichtig, die Trageseiten zu wechseln, um einer einseitigen Belastung vorzubeugen. Besonders im Winter ist es nötig, die Beine des Kindes mit einzuhüllen, da die durch das Tuch leicht abgeklemmt und damit schlecht durchblutet werden, sodass Auskühlungsgefahr der Beine und Füße besteht.

Völker, die ihre Kinder tragen, tun dies auch auf der Haut. In solchen Fällen spüren die Mütter früh, daß das Kind Urin oder Kot abgeben will, so daß sie es von ihrem Körper fernhalten, um sich nicht beschmutzen zu lassen. Die Beziehung zwischen Mutter und Kind ist so eng, daß die Kenntnis des Bedürfnisses bald da ist, auch wenn das Kind (wie meistens üblich) auf dem Rücken getragen wird. Dies ist als Hinweis zu werten, daß Bedürfnisse der Kinder durch häufiges Am-Körper-Tragen besser verstanden werden, was Untersuchungen bestätigen (Largo, 1997). Tragen unterstützt also die Beziehung.

**Tragetuchbinden**

Didymos hat eine Reihe von Anleiterinnen für das Tragetuch-Binden ausgebildte. Wer in der Nähe tätig ist, erfahren sie von der Firma (→ Didymos, Alleestr. 8, 71638 Ludwigsburg, Tel.: 07141/921024 vermittelt gegebenenfalls Adressen zur Anleitung beim Tragetuchbinden). Da die langen Tücher sehr teuer sind, kann man sich nach einem gebrauchten umsehen. Nicht jedes Tuch ist gleich gut zu verwenden, wenn es von anderen Herstellern stammt. Probieren Sie es vor dem Kauf. Die Zeitschrift Öko-Test (5/98) hat Tragetücher getestet. (Bezug des Testberichts: Verbraucherberatung vor Ort oder beim Verlag: Kasseler Str. 1a, 60486 Frankfurt)

Verschiedene Bindeanleitungen werden oft beim Kauf eines neuen Tuches mitgeliefert. (siehe auch Vogel, 1999)

**Umschläge, Wickel, Auflagen**

Generell gilt: Man wählt die Umschläge danach aus, ob Wärme oder Kälte besser gut tut. Das gewählte Material wird messerrückendick auf ein dünnes Tuch aufgebracht, dieses eingeschlagen. Die einschichtige Seite wird aufgelegt. Außen legt man ein Handtuch oder einen Schal herum.

*Abbildung 30: Wickel herstellen*

Man bestreicht das etwa mittlere Drittel eines dünnen Stofftuches messerrückendick mit dem Material (z. B. Quark), klappt dann Seite 1 darüber, dann Seite 2. Die Unterseite wird auf den Körper gelegt und warm eingehüllt.

Wickel dienen einerseits zur Beruhigung oder Entzündungshemmung oder andererseits zur Reizung, um die Heilung in Gang zu bringen. Das ist vorstellbar wie ein Urlaub an der See im Reizklima bei häufigen Erkältungen.

Entzündungshemmend sind Quarkwickel (Husten, Milchstau, Brustentzündung), Eiswickel (Milchstau, Brustentzündung), aber auch warme Kartoffelwickel und Schmalzwickel, (Husten) sowie Zwiebelwickel (Mittelohrentzündung). Sie werden über Nacht oder für Stunden angelegt. Die Temperatur ist zu Beginn gut zu prüfen, um (→) Verbrennungen zu vermeiden. (Stellmann, 1998)

Reizwickel, zum Beispiel kalte Salzwasserwickel (Halsentzündung), werden ca 10 Minuten angelegt. Bei kalten Wickeln muß für eine warme Außenhülle gesorgt werden! Reizwickel nicht bei Fieber (→Kinderkrankheiten) anwenden.

Wadenwickel zum Fiebersenken werden für Babies nur unwesentlich kälter gemacht, als die Körpertemperatur ist; das gilt auch für andere kalte Wickel im ersten Lebensjahr.

**Vitamin-D-Gabe/Rachitisprophylaxe**

Im ersten Lebenjahr verordnet der Kinderarzt Vitamin-D, um einer Rachitis vorzubeugen. Sollten Sie das nicht geben wollen, ist eine Vereinbarung zur feinmaschigen Kontrolle nötig, und für die Mutter selbst regelmäßiger, längerer Aufenthalt im Freien unerläßlichg. Dabei sollte möglichst viel Hautoberfläche der Frau dem Licht/Sonnenlicht ausgesetzt sein, um selbst für das Kind Vitamin-D zu bilden, das es dann über die Muttermilch aufnimmt.

**Verbrennungen, Verbrühungen**

Nach einer Verbrühung oder Verbrennung muß die erste Handlung sein, das Kind sofort unter kühles Wasser zu stellen und über längere Zeit den Bereich zu kühlen, egal ob es schreit. Die Kleidung wird erst von Arzt entfernt. Parallel hilft ein Gespräch mit dem Kinder- oder Notarzt, um als Mutter oder Vater zur Ruhe zu kommen und dem Kind überlegt weiterhelfen zu können.

Kleine verbrannte Bereiche kühlt man am besten mit Alkoholauflagen, die während mehrerer Stunden gleichmäßig naß gehalten werden müssen.

**Vorbild**

Kinder und Jugendliche (auch Erwachsene) lernen beim Heranwachsen von Vorbildern der Eltern und anderer Erwachsener – und später innerhalb der Peergroup von anderen Jugendlichen – viele Verhaltensweisen. Sie «entscheiden», welche Einflüsse sie übernehmen wollen, welche nicht. Daraus entwickeln sie unter anderem ihre Vorstellung von sich und der Welt. Nicht in allen Fällen führt negatives Vorbildverhalten der nahen Verwandten (oder Hauptbezugspersonen) zu dessen Imitation. Es kann auch das genaue Gegenteil die Folge sein.

**Wachstum, Entwicklung: was folgt wann nacheinander**

*Bewegungsentwicklung:* Ungefähr folgende Reihenfolge von Entwicklungsschritten ist üblich: Rückenlage, Hände, Bauch erkunden, Knie anfassen, die Füße betasten, Umdrehen, Bauchlage mit Kopf-Heben, Bauchwippe (Arme und Beine Strecken), Rückwärtsrutschen, seitliche Wende, hoher Armstütz, eventuell vorwärts Kriechen, Robben, Po Heben, Po über die Knie bringen, Krabbeln, an Gegenständen abstützen zum aufrechten Knien, Aufstehen, Schritte am Gegenstand seitlich, Schritte einhändig, freihändiges Gehen (siehe Abbildung 26).

*Feinmotorik:* Handbetrachten, Fingerspiel miteinander, Erkunden im Mund im Wechsel mit Ansehen, Berühren von Gegenständen mit der Handoberfläche, zufälliges Greifen von Gegenständen, gezieltes Greifen mit allen Fingern gemeinsam, Erkunden des Daumens und des Zeigefingers getrennt von den anderen, Daumen-Zeigefingergriff mit gestreckten Fingern, Pinzettengriff (Aufsammeln kleinster Teile mit zwei Fingern)

*Sozialentwicklung:* (→) Blickkontakt, (→) Bindungsverhalten Erkennen nacheinander der Gesichtsumrisse, der Augenpunkte, gezieltes Lächeln, Erkennen der Augenpunkte mit Augenbrauen, der Augen und Augenbrauen, der Nase, des Gesichts, Unterscheidung der Bezugspersonen, Fremdeln/Trennungsangst, beginnende Selbständigkeit.

*Sprachentwicklung:* Körpersprache (→Beziehungsverhalten, Mimik, Blickkontakt, Laute). Spracherwerb geschieht über das Erleben von Sprache in Beziehung. Die zwei Sprachzentren im Gehirn (je für das Verstehen und die Produktion von Sprache), das Ohr und die Zunge sind am Sprechen und Sprachverständnis beteiligt. Es werden Sprachlaute von Tönen und Geräuschen unterschieden, die biologische Grundlage für Lautherstellung bei der Sprache ist universell.

Einfache hohe Tönchen, a-und geschlossene e-Laute, erö-Laute, Zungenlaute oder Lippenlaute (de, mm), Silbenbildung (Mamam, Papap, Dada), gezieltes Da oder Mama/Papa, Worte folgen meistens nacheinander.

Wickel → Umschläge

**Wickeln**

Die Vielfalt der Windelangebote macht Eltern die Wahl der Wickelmethode schwer.(Öko-Test, 1998). Plastikwindeln sind praktisch, leicht, dünn und erhalten die Beweglichkeit des Kindes. Sie machen viel Müll, füllen den Mülleimer übermäßig (Kosten!), verrotten langsam, sind eine Plackerei beim Einkaufen und Lagern und sind teuer. Stoffwindeln sind wiederverwertbar, d. h. waschbar bei 60 °C, aber arbeitsintensiv, stehen im Eimer herum bis zum Waschen und sind bewegungseinschränkend. Ihre Saugfähigkeit ist nur in dicken Lagen gut. Windeldienste (→ siehe Adressenliste) erleichtern die

Arbeit, sparen die Anschaffungskosten, liefern auch dickere Windeln für die Nacht und sind ökologisch sinnvoll, weil im Waschen ökonomisch. Sie beliefern einmal pro Woche die Kunden mit neuen Windeln und nehmen die gebrauchten mit. Das Preis-Leistungs-Verhältnis stimmt, insbesondere, wenn die Kommune einen Zuschuß zahlt. (→ Windeldienst-Adressen)

**Windeldienst-Adressen**

Windel-Dienste oder Windel-Services stehen meistens in den «gelben Seiten» des lokalen Telefonbuches oder sind über die Auskunft zu erfragen. Der Verband Deutscher Windeldienste hilft ebenfalls (siehe Adressenliste). (Die Stadt Freiburg gibt Zuschüsse für Eltern, die den Windeldienst benutzen – fragen Sie danach in Ihrer Kommune.)

**Zähne**

Das Zahnwachstum findet fortlaufend, aber in Schüben statt. Die Zähne des Unterkiefers sind meistens ab der ersten besonderen Sabbelphase unten als helle Erhebung am Gaumen zu entdecken. Die Erhebung wächst nach und nach bis zum Scheitelpunkt des Unterkiefers herauf, und bricht dann als Zahn durch. Im Oberkiefer geschieht das entsprechend, aber die Kinder zeigen es nicht so gern.

**Zufüttern**

Wenn das Kind ganz neugierig auf das elterliche Essen ist, ist der richtige Zeitpunkt zum Zufüttern gekommen. Man beginnt mit Karotten und stillt weiter, nach und nach wird mehr gefüttert, bis eine Stillmahlzeit wegfällt. Brei kann als zweite Mahlzeit gegeben werden, wenn das Kind ihn mag. Die Flasche einzuführen ist nicht nötig. Das Kind kann Muttermilch trinken bis zur selbständigen Benutzung eines Glases (oder Babybechers). Etwa ab 4-6 Monaten kann es mit Hilfe aus dem Glas trinken.

**Zwiegespräche**

Sie sind eine gute Methode (Moeller, 1998), als Elternpaar Probleme lösen zu lernen. Es ist notwendig, sich im Erziehungsalltag immer wieder Ruhe für Gespräche und Zeit zu zweit zu nehmen und die Paarbeziehung zu pflegen, denn dabei erhalten die Partner gegenseitig zum Beispiel Aufmerksamkeit oder (→) Zuwendung. Es sind bestimmte Regeln dabei hilfreich, zum Beispiel konkret eine Stunde pro Woche (dann auch Schluß machen) zum gleichen Zeitpunkt. Besonders für Eltern junger Säuglinge ist dabei ein zuverlässiger Babysitter hilfreich, damit sie ungestört das Gespräch führen können.

## Nachgedanken und Dankesworte

Wenn ich mir das Geschehen zwischen Eltern und Kindern anschaue, das von der Natur so gefügt ist, daß es – meistens – prima funktioniert, dann empfinde ich das immer wieder als ein Geschenk, an dem wir uns alle freuen könnten. Diese Freude mag uns helfen, düstere Zeiten gut zu gestalten.

Auf meinem Weg zur Arbeit mit Kindern und Eltern waren die wichtigsten Meilensteine meine eigenen Kinder, die mich sehr viel lehrten. Wenn wir unseren Kindern aufmerksam zusehen, hinhören und mitfühlen, so zeigen sie uns genau, wie es geht! Das war eine der wesentlichen Erfahrungen mit meinen – nun zum Teil schon erwachsenen – Kindern. Jedes zeigte mir Neues.

Bei der Arbeit an diesem Buch bin ich in Zweifel geraten, ob diese Tätigkeit zu Hause dem gerecht wird, was ich an angemessenem Umgang mit Kindern für mich fordere. Letztendlich haben wir es gemeinsam geschafft. Sie haben mit viel Geduld, während ich am Computer saß, nach eigenständiger Beschäftigung und gegenseitiger Unterstützung geschaut – und manchmal auch deutlich ihre Forderungen nach mehr Beachtung gestellt. Ich bin stolz auf sie!

So gilt mein Dank in allererster Linie ihnen! Ohne die Jahre des Lernens mit ihnen und von ihnen wäre dies Buch nicht möglich gewesen.

Ulrich danke ich für seine Selbstverständlichkeit und Kreativität im Umgang mit den Kindern. Sie hat mich beeindruckt und beeinflußt. Die Fotos davon in diesem Buch mögen einen Einblick vermitteln.

Bei der Entstehung der Bilder und der Vertiefung meiner Erfahrungen halfen auch die Frauen und Kinder aus meinen vielen PEKiP-Kursen, was mich sehr freut, und wofür ich dankbar bin. Die Arbeit mit ihnen ist eine Bereicherung.

Herrn Professor Hassenstein danke ich für das Vorwort, und ihm und seiner Gattin für die kritischen Anmerkungen und konstruktiven Vorschläge während all der Jahre in der Verhaltensbiologie und auch nun bei dem Buch!

Während des Schreibens und auch in der Zeit der Rückmeldungen waren mir die Erfahrungen und Ideen meines Kollegen Jürgen Sehrig sehr wertvoll und anregend. Dankeschön!

Seine Anmerkung, dies sei eher ein Buch für Frauen, kann und will ich nicht entkräften, wenn das auch ursprünglich nicht in meiner Absicht lag.

Ich kann mir heute nicht denken, wie ich den Weg zu diesem Buch ohne meine Ausbilder in Transaktionsanalyse Petra und Dietrich Noelle gefunden hätte: Mit ihnen machte ich viele einprägsame Erfahrungen, besonders über die Wirksamkeit guter Vorbilder und den Stellenwert von Zuwendung. Ihnen sei ganz herzlich für die Wegbegleitung gedankt!

Schließlich möchte ich mich bei den kritischen Korrektur-Leserinnen für ihre Bereitschaft, die Rückmeldungen und die Vorschläge bedanken: Gerhild Sieß, Annelie Harnisch, Gesa Spaniel-Glaser und Sibylle Duelli.

Ich möchte mit einem Zitat von Wilhelm Busch zum Thema «Streichelsparwirtschaft» schließen:

aus «Kritik des Herzens»:

*Früher, da ich unerfahren*
*und bescheid'ner war als heute,*
*hatten meine höchste Achtung*
*andre Leute.*
*Später traf ich auf der Weide*
*außer mir noch mehre Kälber*
*und nun schätz ich, sozusagen,*
*erst mich selber.*

Heidrun Sieß im Sommer 1999

# Anhang

## Adressen für Eltern

### Verbände und Organisationen:

Österreich (Vorwahl 0043):

**Asthma – Neurodermitis – Allergieverband**
Obere Augartenstr. 26-28
1020 Wien
Tel.: 01/3304286

**Bundeskanzleramt-Bundesministerium für Frauenangelegenheiten und Verbraucherschutz**
Ballhausplatz 2
1010 Wien
Tel.: 01/53633-0

**Bundesministerium für Arbeit, Gesundheit und Soziales**
Stubenring 1
1010 Wien
Tel.: 01/71100-6570 (Frauengrundsatzabteilung)

**Bundesministerium für Umwelt, Jugend und Familien**
Franz-Josefs-Kai 51
1010 Wien
Tel.: 01/51522-0 oder 0660/5201 (Familienservice)

**Familienselbsthilfeverein Kinderbegleitung**
(Kinderbegleitung im Krankenhaus)
4841 Ungenach 51

**Familienhilfe der Caritas**
Lasallenstr. 2/4
1020 Wien
Tel.: 01/72850630

**Institut für Bach-Blütentherapie**
Forschung und Lehre
Börsegasse 10/1
1010 Wien
Tel.: 01/53386400

**La Leche Liga Österreich**
Postfach
6500 Landeck

**Österreichische Gesellschaft für homöopathische Medizin**
Mariahilfer Str. 110
1070 Wien
Tel.: 01/526575

**Österreichische Plattform für Alleinerziehende**
Carneriegasse 34
8010 Graz
Tel.: 0316/675344

**Österreichischer Familienbund Generalsekretariat**
Mariahilferstr.24
1070 Wien
Tel.: 01/5268219

**Verein Drehscheibe Kind**
Promenade 12
4400 Steyr

Schweiz (Vorwahl: 0041):

**Dr. Edward Bach Centre**
Swiss Office
Mainaustr. 15
8034 Zürich 8
Tel.: 01/3823311

**Bundesamt für Gesundheitswesen**
Bollwerk 27
3001 Bern
Tel.: 031/3229511

**Bundesamt für Sozialversicherung**
Effingerstr. 33
3003 Bern
Tel.: 031/3229011

**Dachverband Schweizerischer Mütterzentren**
Muristr. 27
3006 Bern
Tel.: 031/3515141

**GIFA (Aktionsgruppe Babynahrung)**
P.O.Box 157
1211 Genéve
Tel.: 022/7989164

**Informationsstelle fiir Schwangerschaft und Geburt**
Magnusstr. 28
8004 Zürich

**La Leche Liga Schweiz**
Postfach 197
8053 Zürich

**Pro Familia Schweiz**
Laupenstr. 45
Postfach 7572
3001 Bern
Tel.: 031/3819030

**Schweizer Hebammenverband**
Flurstr. 26
3000 Bern
Tel.: 031/3326340

**Schweizer Verband alleinerzieher Mütter und Väter**
Kuttelgasse 8
Postfach 4213
8022 Zürich

**Schweizerischer Fachverband für Geburtsvorbereitung**
Birsigstr. 45
4054 Basel

Deutschland
(Vorwahl vom Ausland: 0049):

**Aktionsgruppe Babynahrung e. V. (AGB)**
Untere Masch Str. 21
37073 Göttingen
Tel.: 0551/53 10 34 – 0551/53 10 35
Die AGB setzt sich für das Stillen und gegen die weltweite – aggressive – Vermarktung von Muttermilch-Ersatzprodukten ein (z. B. mit dem Nestle-Boykott).

**Arbeitsgemeinschaft Allergiekrankes Kind**
Hilfen für Kinder mit Asthma, Ekzem oder Heuschnupfen (AAK) e. V.
Hauptstr. 29 II
35745 Herborn
Tel.: 02772/92 87-0 – Fax 02772/92 87 48

**Arbeitsgemeinschaft Freier Stillgruppen e. V..**
Gertraudgasse 4
97070 Würzburg
Tel.: 0931/57 34 93, Fax 0931/57 34 94
Die AFS ist ein Zusammenschluß von Frauen und Männern, die andere Mütter beim Stillen unterstützen durch Beratung, in Stillgruppen, Stilltreffs, Veröffentlichungen und Öffentlichkeitsarbeit.

**Arbeiterwohlfahrt Bundesverband (AWO)**
Verbindungsbüro
Mainstr. 11
14612 Falkensee
Tel.: 03322/2839-0 – Fax 3407

**Arbeitskreis Kunstfehler in der Geburtshilfe e. V. (AKG),**
Bundesgeschäftsstelle,
Münsterstr. 261
44145 Dortmund
Tel.: 0231/52 58 72 + 57 48 46 – Fax 0231/52 60 48

Der AKG hilft betroffenen Eltern mit Beratung und Information bei «Kunstfehlern» in der Geburtshilfe sowohl in der Rechtsberatung als auch im Umgang mit dem kranken Kind.

**Berufsverband Deutscher Laktationsberaterinnen e. V.**
Delpweg 14
30457 Hannover
Tel.: 0511/46 58 49 – Fax 0511/46 59 06
Zusammenschluß der examinierten Still- und Laktationsberaterinnen IBCLC (International Board Certified Lactation Consultant)

**Bund Deutscher Hebammen e. V. Geschäftsstelle,**
Postfach 1724
76006 Karlsruhe
Tel.: 0721/9 81 89-0 – Fax 0721/9 81 89 20
Der BDH ist der Berufsverband der Hebammen und vertritt damit die berufsständischen Interessen seiner Mitglieder.

**Bund freiberuflicher Hebammen Deutschlands e. V. (BfHD)**
Am Alten Nordkanal 9
41748 Viersen
Tel.: 02162/35 21 49 – Fax 02162/35 85 92

**Bundesinteressengemeinschaft Geburtshilfegeschädigter e. V. (BIG),**
Bundeszentrale, Nordsehler Straße 30
31655 Stadthagen
Tel.: 05721/7 23 72 – Fax 05721/8 17 83
Die BIG hilft betroffenen Eltern mit Beratung und Information bei «Kunstfehlern» in der Geburtshilfe sowohl in der Rechtsberatung als auch im Umgang mit dem kranken Kind.

**Bundesverband «Das frühgeborene Kind» e. V.**
Eva Vonderlin
Von-der-Tann-Str. 7
69126 Heidelberg
Tel./Fax: 06221/31 50 65

**Bundesverband der Pflege- und Adoptivfamilien e. V.**
Große Seestr. 29
60486 Frankfurt am Main
Tel.: 069/97 98 67-0
Interessenverband für Pflege- und Adoptivkinderwesen.

**Dachverband der Frauengesundheitszentren in Deutschland e. V.**
Goetheallee 9
37073 Göttingen
Tel./Fax: 0551/48 70 25
Zusammenschluß von 19 Frauengesundheitszentren, die im Bereich der gesundheitlichen Information, Beratung und Bildung Angebote für Frauen und Mädchen machen.

**Der paritätische Wohlfahrtsverband**
Heinrich-Hoffmann-Str. 3
60528 Frankfurt
Tel.: 069/67 06-0 – Fax 069/67 06 204

**Deutsche Arbeitsgemeinschaft Selbsthilfegruppen e. V.**
Friedrichstr. 28
35392 Gießen
Tel.: 0641/7 45 03

**Deutsche Gesellschaft für Babymassage e. V.**
Otto-Hahn-Str. 17
30880 Laatzen
Tel.: 0511/22 22 55 – Fax 0511/22 22 98
Die Deutsche Sektion der Internationalen Babymassagegesellschaft bietet Fortbildung in Babymassage an.

**Deutsche Gesellschaft für die seelische Gesundheit in der frühen Kindheit (GAIMH)**
Mechthild Papoušek
Kinderzentrum München,
Heiglhofstr. 63
81377 München
Tel.: 089/71 00 90

**Deutsche Gesellschaft für Ernährung e. V.**
Im Vogelsang 40
60488 Frankfurt
Tel.: 069/9768030
http://www.dge.de

**Deutsche Hilfe für Kinder von Arbeitslosen e. V. – DHK Bundesverband**, Krummholzberg 1
21073 Hamburg
Tel.: 040/77 21 11 – Fax 040/
7 65 98 24
Die DHK verfolgt das Ziel, die soziale und seelische Situation insbesondere der Kinder von Arbeitslosen und Sozialhilfeempfängern zu verbessern durch praktische Hilfe, Beratung, breite Aufklärung und Öffentlichkeitsarbeit.

**Deutsches Rotes Kreuz**
Generalsekretariat
Friedrich-Ebert-Allee 71
53113 Bonn
Tel.: 0228/541-0 – Fax 541-1290
Das DRK ist Träger zahlreicher Familienbildungsstätten und macht Bildungsangebote für junge Familien.

**Deutscher Caritasverband e. V.**
Karlstr. 40
79104 Freiburg

**Diakonisches Werk der Evangelischen Kirche in Deutschland e. V.**
Abteilung Frauen, Jugend und Familie
Stafflenbergerstr. 76
70184 Stuttgart
Tel.: 0711/2159-0 – Fax 2159 288

**Elly-Heuss-Knapp-Stiftung – Deutsches Müttergenesungswerk**
Postfach 1260
90544 Stein/Mittelfranken
Tel.: 0911/96 71 10 – Fax 0911/
67 66 85

**Forschungsgruppe Verhaltensbiologie des Menschen (FVM)**
Obere Dorfstr. 7
79400 Kandern
Tel.: 07626/970213 Fax 07626/
970268, e-mail: bensel@rol3.com

**Forum Babymassage**
Petra Busch, Gut Horbell
Horbeller Straße
50858 Köln
Tel./Fax: 02234/1 64 42
Im Forum Babymassage sind Gruppen und Einzelpersonen zusammengeschlossen, die die Babymassage fördern wollen und Weiterbildungen anbieten.

**Gesellschaft für Geburtsvorbereitung – Familienbildung und Frauengesundheit – Bundesverband e. V.**
Dellestr. 5
40627 Düsseldorf
Tel.: 0211/25 26 07 – Fax 0211/
20 29 19
Die GfG setzt sich ein für eine umfassende Unterstützung und Begleitung werdender und junger Eltern. Sie bildet Kursleiterinnen für Geburtsvorbereitung, Familienbegleitung und Wechseljahre aus. Die GfG ist ein interdisziplinärer Zusammenschluß engagierter Fachleute und Betroffener.

**GEPS – Gesellschaft zur Erforschung des Plötzlichen Säuglingstods Deutschland e. V. Bundesverband**
Rheinstr. 26
30519 Hannover
Tel.: 0511/8 38 62 02

**Internationale Studiengemeinschaft für pränatale und perinatale Psychologie und Medizin (ISPPM)**
Sekretariat der deutschsprachigen Mitglieder der ISPPM Dr. L. Janus/ J. Bischoff, Friedhofweg 8
69118 Heidelberg

**Lahar Verein für Bewußte Geburt e. V.**
Malmedyer Str. 92
52066 Aachen
Tel.: 0241/6 78 73

**La Leche Liga Deutschland e. V.**
Postfach 65 00 96
81214 München
Die LLL ist die deutsche Sektion der Internationalen Still-Organisation La Leche Liga. Ihre Mitglieder beraten und unterstützen Frauen beim Stillen.

**PEKiP e. V. Prager-Eltern-Kind-Programm**
Heltofer Str. 71
47269 Duisburg
Tel.: 0203/71 23 30, Fax 0203/ 71 23 95
PEKiP ist ein Angebot für junge Eltern und ihre Babys, durch Bewegungs-, Sinnes- und Spielanregungen das Kind in seiner Entwicklung zu begleiten und die Beziehung zwischen Kind und Eltern zu stärken und zu vertiefen. Ausgebildete PEKiP-Gruppenleiterinnen bieten entsprechende Kurse an.

**Pro Familia – Deutsche Gesellschaft für Familienplanung, Sexualpädagogik und Sexualberatung e. V. – Bundesverband**
Stresemannallee 3
60596 Frankfurt
Tel.: 069/639002

**Terre des Hommes Bundesrepublik Deutschland Hilfe für Kinder in Not – Geschäftsstelle**
Postfach 4126
49031 Osnabrück
Tel.: 0541/73 01-0 – Fax 0541/70 72 33
Hilfe für Kinder in Not, Stellungnahmen zu Fragen des Jugend- und Familienrechts sowie der Jugendhilfe und entwicklungspolitischer Zusammenhänge. In Deutschland Projektarbeit mit Ausländerkindern.

**Verband alleinerziehender Mütter und Väter Bundesverband e. V.**
Von-Groote-Platz 20
53173 Bonn
Tel.: 0228/35 29 95
http://www.paritaet.org/vamv

**Verband der deutschen Windeldienste e. V.**
Bundesgeschäftsstelle
Postfach 920439
21134 Hamburg
Servicetelefon: 0180/5341516
(vermittelt Windeldienstadressen in der Nähe)

**Verein für ein erweitertes Heilwesen**
Joh. Kepler Str. 58
75378 Bad Liebenzell
Tel./Fax: 07052/2034
(Informationen und Versand anthroposophisch-medizinischer Materialien)

**Vorsorge-Initiative der Aktion Sorgenkind e. V.**
Lersnerstr. 40
60322 Frankfurt am Main 1
Tel.: 069/55 06 51
Wolfgang-Rosenthal-Gesellschaft e. V. Geschäftsstelle, Donaustr. 6, 35625 Hüttenberg Tel./Fax 06403IS5 75. Selbsthilfevereinigung für Menschen mit Lippen-, Kiefer-, Gaumen-Segel-Fehlbildungen und deren Familien. Rat, Hilfe und Informationen.

## Eltern-Kind-Zentren:

**Verein für bewußte Elternschaft «Johanna» e. V.**, Sabine Stieler
Tretschener Str. 26
01277 Dresden
Tel.: 0351/30126

**Familienzentrum Kiebitz Leipzig e. V.**
Karl-Tauchnity-Str.3
04107 Leipzig

**IRIS Regenbogenzentrum**
Schleiermacherstr. 39
06114 Halle
Tel.: 0345/26989

**Treffpunkt im Nachbarschafts- und Selbsthilfezentrum NUSZ**
Viktoriastr. 13
12105 Berlin
0 30/7516706

**Arbeitsgruppe für natürliche Geburt**
Eppendorfer Weg 209
20253 Hamburg
Tel.: 040/4203636

**Levana e. V. – Verein rund ums Elternsein**
Keßlerstr. 84
31134 Hildesheim
Tel.: 05121/15280

**Bewußte Geburt und Elternschaft e. V.**
Diezstr. 6
35390 Gießen
Tel.: 0641/34893

**IRIS Regenbogenzentrum**
Groner-Tor-Str. 12
37073 Göttingen
Tel.: 05 51/485828

**Unterm Dach e. V. – Treffpunkt für Familien**
Düsseldorfer Str. 14
42697 Solingen-Ohligs
Tel.: 0212/7516706

**Die Wiege: Initiative rund ums Kinderkriegen e. V.**
4259 Remscheid
Tel.: 02191/348894

**Eltern werden – Eltern sein**
Gießerstr. L7
45473 Mühlheim
Tel.: 0208/756633

**Initiativkreis für Familien- und Erwachsenenbildung e. V.**
Langeoogstr. 15
45665 Recklinghausen
Tel.: 02361/47701

**Aktionskreis Geburtsvor- und -nachbereitung**
c/o Ingrid Lauxtermann
Schmidtstr. 21
49124 Georgsmarienhütte
Tel.: 054 01/40584

**Treffpunkt für Väter und Mütter**
Neusser Str. 397-399
50733 Köln-Nippes
Tel.: 0221/7602187

**Bauchladen-Treffpunkt**
Bergisch-Gladbacher Str. 116
51069 Köln
Tel.: 0221/6803229

**Doula – Verein für Geburt in Würde und Menschlichkeit**
c/o Monika Brühl
Hausdorffstr. 172
53129 Bonn
Tel.: 0228/232450

**Elternbildungsforum Obshof**
Westernburgstr. 31
58706 Menden
Tel.: 02373/66989

**Frauenzentrum Frauenzimmer**
Zeughausstr. 1
59872 Meschede
Tel.: 0291/52171

**Frauengesundheitszentrum für Familienbildung und Frauengesundheit Neuhofstraße e. V.**
Neuhofstr. 32 H
60318 Frankfurt am Main
Tel.: 069/591700

**AG freiberuflicher Gehurtsvorbereiterinnen Darmstadt**
c/o Ch. Nixdorf
Kleiststr. 40
64291 Darmstadt

**Sirona Frauengesundheitszentrum**
Dotzheimer Str. 9
65185 Wiesbaden
Tel.: 0611/301694

**BAMS – Beratung alleinstehender Mütter und Schwangerer e. V.**
Pfarrgasse 17
69121 Heidelberg
Tel.: 06221/411904

**Beratungsstelle für Geburt Eltern-Sein e. V.**
Dorfackerstr. 12
72074 Tübingen-Lustnau
Tel.: 07071/83927

**Sonne, Mond und Sterne – Zentrum für Geburt und Elternschaft**
Mühlacker Str. 49
75447 Diefenbach
Tel.: 07043/5556

**Geburt und Leben e. V.**
Amalienstr. 79
76133 Karlsruhe
Tel.: 0721/27428

**Arbeitskreis Eltern werden – Eltern sein e. V.**
Rennerstr. 4
79106 Freiburg
Tel.: 0761/289955

**Eltern-Kind-Initiative (EKI)**
Friedrichstr. 6
79379 Müllheim
Tel./Fax: 07631/13508

**Beratungsstelle für natürliche Geburt und Eltern-Sein e. V.**
Häberlstr. 17
80337 München
Tel.: 089/532076

**Zentrum Kobergerstr. e. V.**
Koberger Str. 79
90408 Nürnberg
Tel.: 0911/361626

**Herztöne – Beratungsstelle für Schwangerschaft, Geburt und Elternschaft e. V.**
Von-der-Tann-Str. 15
95028 Hof
Tel.: 0 92 81/8 66 54

**Courage e. V. – Verein für Frauen**
Obere Stadt 21
95326 Kulmbach
Tel.: 09221/83581

**TIAMAT – FrauenHeilWeise**
Barfüßerstr. 16
99084 Erfurt

## Adressen bei besonderen Problemen:

**ABC-Club e. V. Internationale Drillings- und Mehrlingsinitiative**
Helga und Ute Grützner
Strohweg 55
64297 Darmstadt
Tel.: 06151/5 54 30 – 06151/596388
Ansprechpartner für Mehrlingseltern (ab Drillingen)

**Aktionskomitee Kind im Krankenhaus e. V. (AKiK)**
Kirchstr. 34
61440 Oberursel
Tel.: 06172/303600

**Allergie- und umweltkrankes Kind e. V. Bundesverband**
Westholterstr. 142
45894 Gelsenkirchen-Buer
Tel.: 0209/30530

**Arbeitskreis Down-Syndrom e. V.**
Hegelstr. 19
33694 Bielefeld
Tel. 0521/44 29 98

**Arbeitsgemeinschaft Spinabifiden und Hydrocephalus e. V.**
Münsterstr. 13
44145 Dortmund
Tel. 0231/86'I 05 00

**Bundesverband «Das frühgeborene Kind» e. V.**
Eva Vonderlin
Von-der-Tann-Str. 7
69126 Heidelberg
Tel.: 06221/32345 (Infos für Eltern mit Frühgeburten)

**Bundesverband für Körper- und Mehrfachbehinderte e. V.**
Brehmstr. 5-7
40239 Düsseldorf
Tel.: 0211/64004-11
e-mail:BV-KM@t-online.de

**Förderkreis Neonatologie für das frühgeborene und kranke neugeborene Kind e. V.**
Demetriusweg 9
70563 Stuttgart
Tel.: 0711/6 77 07 44 – Fax 0711/6 87 16 51

**Kindernetzwerk e. V.**
Hanauer Str. 15
63739 Aschaffenburg
Tel.: 0621/12030 (vermittelt Elternselbsthilfe bei kranken und behinderten Kindern)

**Initiative Regenbogen (Glücklose Schwangerschaft)**
Barbara Künzer-Riebel
Burgstr. 6
73614 Schorndorf (Kontaktkreis für Eltern, die ein Kind vor, während oder nach der Geburt verloren haben)
Adressenvermittlung: Constanze Tofarn-Lange, Charlottenstr. 39, 26486 Wangerooge

**Gesellschaft zur Erforschung des Plötzlichen Kindstod GEPS – Elternselbsthilfeorganisation**
Postfach 11 26
31501 Wunstorf
(Infos für Eltern, die vom plötzlichen Kindstod betroffen sind. Vermittelt Adressen gegen 3, – DM Rückporto)

**Arbeitsgemeinschaft freier Stillgruppen, AFS Bundesverband e. V.**
Gertraudgasse 4R
97070 Würzburg
(Adressen von regionalen Stillgruppen werden auf Anfrage weitergeleitet)

**La Leche Liga Deutschland e. V.**
Postfach 65 00 96
81214 München
(Stillberatung, Adressen)

**Verband alleinstehender Mütter und Väter (VaMV), Bundesverband e. V.**
Beethovenallee 7
53173 Bonn
Tel.: 0228/352995

**Schreiambulanz mit Selbsthilfegruppe,**
Psychiatrische Klinik und Poliklinik, Nußbaumstr. 7
80336 München

**Schatten & Licht – Krise nach der Geburt e. V.**
Bianca Dietrich
In den Bellen 6
67360 Lingenfeld (bei Depressionen nach der Geburt)
Petra Nispel, Koordinatorin für Selbsthilfegruppen bei Postpartaler Depression
Bergstr. 12
09623 Dinersbach

**Wildwasser Wiesbaden e. V.**
Wallufer Straße 1
65197 Wiesbaden
Tel.: 0611/808619
(Selbsthilfegruppen zur Aufarbeitung von sexuellem Mißbrauch – auch in anderen Städten)

## Beratungsstellen-Adressen:

**Beratungsstelle für Eltern mit Babies**
Dipl.-Psych. Dr. phil. Mauri Fries
Universität Leipzig
Institut für Entwicklungspychologie
Seeburgstr. 14 – 20
04103 Leipzig
Tel.: 03 41/9 73 59 00

**IRIS Regenbogenzentrum**
(Für Eltern, deren Babys Schlafstörungen, Still-, Eß- oder Schreiprobleme haben)
Schleiermacherscr. 39
06114 Halle
Tel.:0345/5211232

**Vom Säugling zum Kleinkind**
Beratung für Familien mit Säuglingen und Kleinkindern
Dr. Eva Hédervári, Dipl.-Psych.
M. Malinowski
Projektleitung: Prof. Dr. Ch. Ludwig-Körner
Dortustr. 36
14467 Potsdam
Tel.: 03 31/2 70 05 74

**Menschenskind**
Beratungsstelle für Eltern mit Säuglingen und Kleinkindern
Elsässer Str. 27
22049 Hamburg
Tel.: 040/6520012

**Familientagesklinik und Poliklinik für Säuglinge, Klein- und Vorschulkinder**
Schmeddingstr. 50
48149 Münster
Tel.: 0251/8356701

**Sprechstunde für Schreibabys**
Kinderkrankenhaus der Stadt Köln
Amsterdamerstr. 59
50735 Köln
Tel.: 0221/77741

**Sprechstunde für Schreibabys**
FGNZ Frauengesundheitszentrum
Neuhofstr.
Neuhofstr. 32H
60418 Frankfurt
Tel.: 069/591700- Fax 593129

**Babysprechstunde**
Beratung für Eltern mit Babies beim Arbeitskreis Eltern werden – Eltern sein e. V.
Heidrun Sieß
Rennerstr. 4
79106 Freiburg
Tel.: 0761/71170

**Freiburger Schlafambulanz**
Dr. U. Rabenschlag
Forschungsgruppe Kinderschlaf, Abteilung für Psychiatrie und Psychotherapie im Kindes- und Jugendalter
der Universitätsklinik
Hauptstr. 8
79104 Freiburg
0761/2706860

**Münchner Sprechstunde für Schreibabys**
Kinderzentrum München
Heiglhoferstr. 63
81377 München
089/71009331

**Ambulanz für Kinder- und Jugendpsychiatrie und Psychotherapie**
Universitätsklinikum Ulm
Dr. K. H. Brisch
Frauensteigen 14a
89081 Ulm
Tel.: 0731/5027798

## Internet-Adressen:

**Bayrischer Behördenwegweiser –** Thema Familie, Broschüren online bestellen
http://www.bayern.de./Service/Wegweiser/familie.html

**Verband alleinerziehender Mütter und Väter Bundesverband e. V.**
http://www.paritaet.org/vamv

**Deutsche Gesellschaft für Ernährung e. V.**
http://www.dge.de

**Familien in Österreich**
http://www.bmu.gv.at/

**Frauen-Online** (Beruf, Familie, Elternkontakte, Fraueninfos)
http://www.frauen-online.de.

**Informationen zu Kinderbetreuung, Berufsrückkehr, Broschüren online abrufen und bestellen**
http://www.bundesregierung.de/.bin/lay/inland/bpa/bro/jugend/00-127.htm

**Kindergartensuchmaschine**
http://www.uni-online.de/studium/eltern/kinder.html

## Links zu allen möglichen Adressen zum Themenbereich Kind

http://www.yahoo.de/Gesellschaft-und -Kultur/Generationen/Kinder

**Montessori-Network**
http:/www.montessori.org

**Mütter mit Modem**
(Informationen zu Mütterthemen)
http://www.icf.de/hausfrau/mmm.shtml

**Mutterschafts-, Kinder-, Erziehungsgeld, Erziehungsurlaub**
http://wsv.gmd.de/adminfo/sonst-lei.htm

**Mütterzentren-Liste und Informationen**
http://wwwipd.ir a.uka.de~ludewig/mu-index.html
http://home.t-online.de/home/042513349-0001/homepage.htm

**Projekt «Worin unterscheidet sich die Lebenssituation von Alleinerziehenden von der Lebenssituation der Elternfamilie?»**
http://141.13.28/~baif01/allein.html

**Projekt: Väter und Erziehungsurlaub**
http://141.13.2.8./~baif01/vater.html

**Selbsthilfegruppen**
http://www.med-online.de

**Studieren mit Kind**
http://www.campuseltern.de

**Väter online**
http://www.inx.de/~hbk/index.html

## Literatur zum Weiterlesen

**Allgemeine Literatur:**

Remo Largo, Babyjahre, Piper, München 1998
Ulrike und Christa Marwedel, Was Kinder brauchen – was Eltern gut tut, Herder Spektrum, Freiburg/Br. 1997
Daniel Stern, Tagebuch eines Babys, Piper, München 1993

**Literatur zu bestimmten Themen:**

Marianne Austermann/Gesa Wohlleben, Zehn kleine Krabbelfinger, Kösel, München 1998
Erik Berne, Was sagen Sie, nachdem Sie «Guten Tag» gesagt haben?, Kösel, München 1975
Heinrich und Helga Brückner, Richtig stillen, Verlag Gesundheit, Berlin 1996
Carolin P. Cowan/Philip A. Cowan, Wenn Partner Eltern werden, Piper, München 1994,
Beate Daas, Britta Ludwig, Was mein Baby essen soll, rororo, Reinbek b. Hamburg 1994
Gudrun Gauda/Käthy Wüthrich, Botschaften der Kinderseele, Kösel, München 1997
Wolfgang Goebel/Michaela Glöckler, Kindersprechstunde, Urachhaus, Stuttgart 1998
Elisabeth Geisel, Tränen nach der Geburt, Kösel, München 1997
Friedrich P. Graf, Ganzheitliches Wohlbefinden – Homöopathie für Frauen, Herder, Freiburg/Br. 1994
Friedrich P. Graf, Die Impfentscheidung, Selbstverlag, Lütjenburger Str.3, 24306 Plön
A. Grützmacher, B. Pfahl, H. v. Voss, Stillen und Muttermilchernährung, Bundesmisterium f. Gesundheit, Bonn, 1990, kostenlos
Bernhard Hassenstein/Helma Hassenstein, Entwicklungsbiologische Grundlagen der frühkindlichen Entwicklung und die Folgerung für die Eltern, Sozialpädiatrie 14, 1992
Bernhard Hassenstein, Verhaltensbiologie des Kindes, Neuauflage (in Vorbereitung) Wötzel-Verlag
Gabriele Haug-Schnabel, Wie Kinder trocken werden können, ObersteBrink, 1998
Gabriele Haug-Schnabel, Sehn-Süchte nach Glücksgefühl, in: Kindergarten heute, 10-12/1996
Gabriele Haug-Schnabel, Der Kompetente Säugling – Das Verhaltensrepertoire im ersten Jahr, in: Wessel u. Naumann (Hrsg), Kommunikation und Humanontogenese, Bd.6, Kleine, 1994
Regina Hilsberg, Körpergefühl, rororo, Reinbek b. Hamburg 1985
Hans Jellouschek, Der Froschkönig, Kreuz, Stuttgart 1997
Theresa Maria de Jong/Gabriele Kemmler, Kaiserschnitt – Narben an Seele und Bauch, Fischer TB, Frankfurt/a. M. 1996
Verena Kast, Familienkonflikte im Märchen, Walter, Zürich-Düsseldorf 1996
Evelin Kirkilionis, Ein Baby will getragen sein, Kosiel, München 1999
Irene Kummer, Wendezeiten im Leben der Frau, dtv, München 1993

Frédérick Leboyer, Sanfte Hände, Kösel, München 1999
Hannah Lothrop, Das Stillbuch, Kösel, München 1998
Hannah Lothrop, Gute Hoffnung – Jähes Ende, Kösel, München 1998
Michael Lukas Moeller, Die Wahrheit beginnt zu Zweit, Rowohlt, Reinbek b. Hamburg 1998
Jack Newman, Immunschutz durch Muttermilch, Spektrum der Wissenschaft, 2/1996
Helmut Niederhoff, Kinderkrankheiten von A-Z, Herder-Spektrum, Freiburg/Br. 1996
Michel Odent, Geburt und Stillen, Kösel, München 1994
Öko-Test: Ratgeber Kleinkinder, rororo, Reinbek b. Hamburg 1998
Petra Otto, Die Lust neu entdecken, rororo, Reinbek b. Hamburg 1996
Hanus und Mechthild Papoušek, Intuitive elterliche Früherziehung in der vorsprachlichen Kommunikation, in: Sozialpädiatrie in Praxis und Klinik, 12/1990
Horst Petri, Guter Vater-Böser Vater, Scherz Verlag, Bern 1997
Emmi Pickler, Laßt mir Zeit, Kösel, 1988 (z. Z. vergriffen)
Emmi Pickler, Miteinander wachsen (z. Z. vergriffen)
Raimund Pousset, Fingerspiele und andere Kinkerlitzchen, rororo, 1998
H. F. R. Prechtl, Beurteilung foetaler Bewegungsmuster bei Störungen des Nervensystems, in: Gynäkologe 21/1988
Ulrich Rabenschlag, Kinder reisen durch die Nacht, Herder Spektrum, Freiburg/Br. 1998
Heidi Rinnhofer, Hoffnung für eine Handvoll Leben, rororo, Reinbek b. Hamburg 1997
Michael Rohr, Freiheit lassen – Grenzen setzen, Herder Spektrum, Freiburg/Br. 1998
Eckhard Schiffer, Warum Huckleberry Finn nicht süchtig wurde, Beltz, 1997
Claude Steiner, Die Streichelsparwirtschaft in L. Sehlegel, Handwörterbuch der Transaktionsanalyse, Herder, Freiburg i. Br. 1993
Hermann M. Stellmann, Kinderkrankheiten natürlich behanden, GU TB, München 1998
Gisela Stemme/Doris v. Eickstedt, Die frühkindliche Bewegungsentwicklung, Verlag Selbstbestimmtes Leben, Düsseldorf 1998
Daniel Stern, Die Lebenserfahrung des Säuglings, Klett Cotta, Stuttgart 1998
Kornelia Strobel, Frühgeborene brauchen Liebe, Kösel, München 1998
Maya Thüler, Wohltuende Wickel, M.Thüler Verlag, Worb
Thomas Verny, Das Seelenleben des Ungeborenen, Ullstein, Berlin 1992
Thea Vogel, Die ganzheitliche Rückbildungsgymnastik, Walter, Zürich-Düsseldorf 1998
E. E. Werner, Die Kinder von Kauai, Spekrum der Wissenschaft, 6/1989
Wickel und Auflagen, Verlag: Verein für ein erweitertes Heilwesen, 75378 Bad Liebenzell, Joh. Kepler Str. 58
Katharina Zimmer, Warum Babys und ihre Eltern alles richtig machen, Goldmann, München 1997
Barbara Zukunft-Huber, Die ungestörte Entwicklung des Säuglings, Trias, Stuttgart 1998

# Stichwortindex

## Bildquellennachweis:

Abb. 1: Heidrun Sieß, Privatarchiv der Autorin

Abb. 2: Heidrun Sieß, Privatarchiv der Autorin

Abb. 3: aus: Eibl-Eibesfeldt, Verhaltensbiologie des Menschen, München 1978, nach Konrad Lorenz 1943

Abb. 4: Heidrun Sieß, Privatarchiv der Autorin

Abb. 5: Heidrun Sieß, Privatarchiv der Autorin

Abb. 6: Monika Vaulant

Abb. 7: Heidrun Sieß, Privatarchiv der Autorin

Abb. 8: Skizze von Heidrun Seiß

Abb. 9: Heidrun Sieß, Privatarchiv der Autorin

Abb. 10: aus: Polinski, Liesel: Spielen und Bewegung mit Babys, rororo, Reinbek b. Hamburg 1993, S. 51 © Renate Engelhart

Abb. 11: Heidrun Sieß, Privatarchiv der Autorin

Abb. 12: Heidrun Sieß, Privatarchiv der Autorin

Abb. 13: Heidrun Sieß, Privatarchiv der Autorin

Abb. 14: Heidrun Sieß, Privatarchiv der Autorin

Abb. 15: aus: Stemme/v. Eickstedt: Die frühkindliche Bewegungsentwicklung, S. 87 Verlag Selbstbestimmtes Leben, Düsseldorf 1998. Illustration von Anita Laage-Gaupp, München

Abb. 16: Heidrun Sieß, Privatarchiv der Autorin

Abb. 17: Skizze von Heidrun Seiß

Abb. 18: aus: Remo Largo: Babyjahre. Carlsen Verlag Hamburg 1991 S. 377 oben

Abb. 19: Heidrun Sieß, Privatarchiv der Autorin

Abb. 20: Heidrun Sieß, Privatarchiv der Autorin

Abb. 21: aus: Stemme/v. Eickstedt: Die frühkindliche Bewegungsentwicklung, S. 87 Verlag Selbstbestimmtes Leben, Düsseldorf 1998. Illustration von Anita Laage-Gaupp, München

Abb. 22: aus: Stemme/v. Eickstedt: Die frühkindliche Bewegungsentwicklung, S. 87 Verlag Selbstbestimmtes Leben, Düsseldorf 1998. Illustration von Anita Laage-Gaupp, München

Abb. 23: Heidrun Sieß, Privatarchiv der Autorin

Abb. 24 a) und b): Heidrun Sieß, Privatarchiv der Autorin

Abb. 25: aus: Stemme/v. Eickstedt: Die frühkindliche Bewegungsentwicklung, S. 87 Verlag Selbstbestimmtes Leben, Düsseldorf 1998. Illustration von Anita Laage-Gaupp, München

Abb. 26: aus: Stemme/v. Eickstedt: Die frühkindliche Bewegungsentwicklung, S. 87 Verlag Selbstbestimmtes Leben, Düsseldorf 1998. Illustration von Anita Laage-Gaupp, München

Abb. 27: Heidrun Sieß, Privatarchiv der Autorin

Abb. 28: Heidrun Sieß, Privatarchiv der Autorin

Abb. 29: Heidrun Sieß, Privatarchiv der Autorin